KB230943

호위호신술법 1편

4

경호무술

Since **1992**
警護武術

호위호신술법 1편

4

경호무술창시자 **장명진** 지음

이담 Books

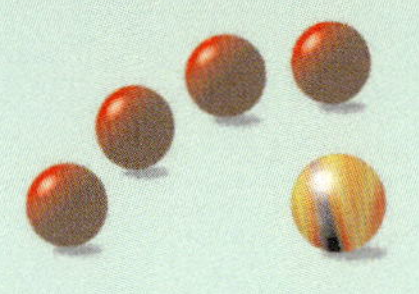

발 간 사

경호무술이란 자신을 포함하여 경호 대상에게 가해져 오는 공격으로부터 신체 및 생명을 보호해주는 **호위호신무술**이다.

경호무술을 창시한 본인은 1986년 군 복무시절 708특공대(경호부대)에서 경호무술에 대한 연구를 시작하였고, 1992년 3월 18일 국내최초로 서울특별시 중랑구 신내동에 경호원을 양성하는 국제경호아카데미를 개원하였다. 이후 1994년부터 2004년까지 『경호무술』, 『경호실무』(개정7권)를 공식 출판했으며, 특히 경호무술에 대한 무적·공법·기법·격투체계에 대하여 체계화와 정형화에 힘써 왔다. 아울러 경호무술에 대한 학문적 이론을 정립하여 체계화하였다. 국제경호아카데미 경호원 양성과정 및 장명진경호무술원과 대학교 등 외부기관에 출강하면서 착안한 경호무술 교육체계에 대하여 연구 표준화한 것을 1996년에 오픈한 사이버 경호무술교실에 구축하였다. 구축한 연구 내용을 정리하여 2004년 경호무술 개정본(본인이 직접 연구, 저술, 시연, 편집, 출판해 1인 5역으로 1,704page, 무게 8kg, 대작완싱)으로 발간하였다.

　이렇게 연구 출판된 『경호무술』은 각 군 관계부대와 직무에 관련된 정부기관인 경찰청, 경호처, 국정원, 법무부, 국무총리실, 국회 등 관계기관을 포함해 대학의 경호직무 관련(경호, 경찰, 군사, 교도 등) 학과와 경호무술원지도자, 수련자들에게 전공 및 연구교재로서 사용되면서 체계화된 학문적 이론과 과학적인 기술이 널리 알려지게 되었다. 아울러 국민의 여가와 체위 향상에 기여하고 있으며, 새로운 직업 창출에도 이바지하고 있다. 또한 해외보급이 본격화되면서 문화외교 역할을 통한 국위선양과 경제활동을 통한 서비스 산업으로 국익에 크게 기여하고 있다. 이처럼 경호무술은 그동안 최단 기간에 우리의 대중적 무예로 크게 발전해 국가와 사회에 기여하게 되어 창시자로서 매우 기쁘게 생각한다.

　무예는 전통적으로 지·덕·체를 교육이념으로 삼아 왔으며, 또한 충효의 근본을 가르치는 역할을 담당하기도 했다. 무예를 가장 큰 교육이념으로 여겼던 나라는 동서양을 막론하고 대부분 부국강병을 성공적으로 이루어 오늘날 군사 및 경제 대국이 되었다. 세계사에서 부국강병을 이루게 된 대표적인 나라들로 영국과 일본을 주목하고 있다. 이들 나라의 공통점은 그 나라를 대표하는 무인정신을 꼽는다. 영국은 기사도정신 그리고 일본은 사무라이정신이 바로 그것이다. 이 같은 정신을 무사도 정신이라고 말하기도 한다. 중국 또한 무예를 신(神)이라 부를 만큼 신성시해 왔으며, 무예인들이 인격도야에 정진하면서 무예인을 도사라 칭하기도 했다. 이처럼 무예는 정치, 경제, 사회, 문화를 초월하는 보이지 않는 강력한 힘으로 다양한 가치를 재창조하는 에너지 원천과 같아 오늘날 첨단과학이 지배하고 있는 21세기가 된 지금도 세계 각국은 무예를 다양한 각도에서 연구하고 활용방안을 모색하고 있다. 많은 나라가 무예를 학교 체육 정규과목으로 채택해 교육을 강화하고 있으며, 문화 자원화 차원에서 무예에 대한 지식재산권을 확보하는 데도 힘을 쏟고 있다.

　이 같은 변화에서 다소 늦은 감은 있으나 우리나라에서도 2008년 전통무예진흥법이 만들어진 점에 대하여 매우 다행스럽게 생각하며, 경호무술이 향후 국민의 건강 및 문화생활향상과 더불어 안전하고 행복한 삶을 추구하는 무술로서 한국을 대표하는 무예로서 세계화되기를 바란다. 끝으로 2011년 경호무술 책이 분권 출판되게 도와주신 한국학술정보(주) 사장님 및 관계자와 우리 가족 모두에게 깊이 감사한다.

경호무술창시자 장명진 약력

- 사단법인 한국경호무술진흥회 회장
- 전통무예원류적통자 모임 간사
- 장명진경호무술원 총원장
- 국무총리실 국가재난관리본부 자문위원
- 초당대학교 경호학과(경호무술) 겸임교수
- 고려대학교 사범대학원 석사과정(경호무술) 강사
- 선문대학교 무도학과, 충청대학 태권도학과(경호무술) 강사
- 국립경찰대학 수사보안연수소(인질협상/경호전략) 강사
- 중국연길시공안국 보안전문대학교 명예교수
- 한서대학교, 서일대학 사회교육원 경호학과(경호무술) 강사
- KBS아카데미 경호원 양성과정(경호무술) 강사
- 사단법인 한국무예포럼 운영위원
- 주식회사 탐경(경호회사) 대표이사
- 국제경호아카데미 원장
- 국제경호협회 회장
- 한국안전교육학회, 한국경호경비학회 운영위원
- 사단법인 한국경비협회 신변보호분과 운영위원
- 사단법인 한국직능단체총연합회 상임부회장
- 제10기 민주평화통일 자문위원(대통령)회 자문위원
- 윗몸일으키기(14,824회) 기네스 기록보유(1990년)
- 『경호무술』, 『경호실무』 저술(개정7권, 1994년~2011년)
- 『경호직무능력표준』, 『경호자격규정집』(2004년~2005년)
- 「경호산업문제분석과 발전방안에 관한 연구」외 다수
- 대통령표창(2002년), 국무총리표창(2007년)

[무술입문 및 경호무술 창시 보급]

7세에 무예에 입문하여 태권도, 태껸, 합기도, 쿵후 등을 수련하고 경호무술을 창시하는 등 40여 년간 무공을 쌓았다. 1986년 708특공대(경호부대) 복무 중 경호무술 연구를 시작해 1992년 정립한 경호무술을 국내최초로 설립된 국제경호아카데미에서 경호원양성 교육과정으로 지도하기 시작했다. 이후 대학(교) 경호무술학과 및 경호학과 그리고 유관학과에 보급하였다. 1996년 국내최초로 인터넷 경호무술강좌를 시작하였으며, 초·중·고등학생 및 일반인을 대상으로 경호무술원을 개원하여 전국에 보급하고 있다. 중국·미국·남미지역에 해외지부를 두고 세계화 중에 있으며 국내외 주요 방송매체를 통해 크게 주목받고 있다.

목차

경호무술 창시 기원과 역사

제 4 권 호위호신술법 1편

경호무술

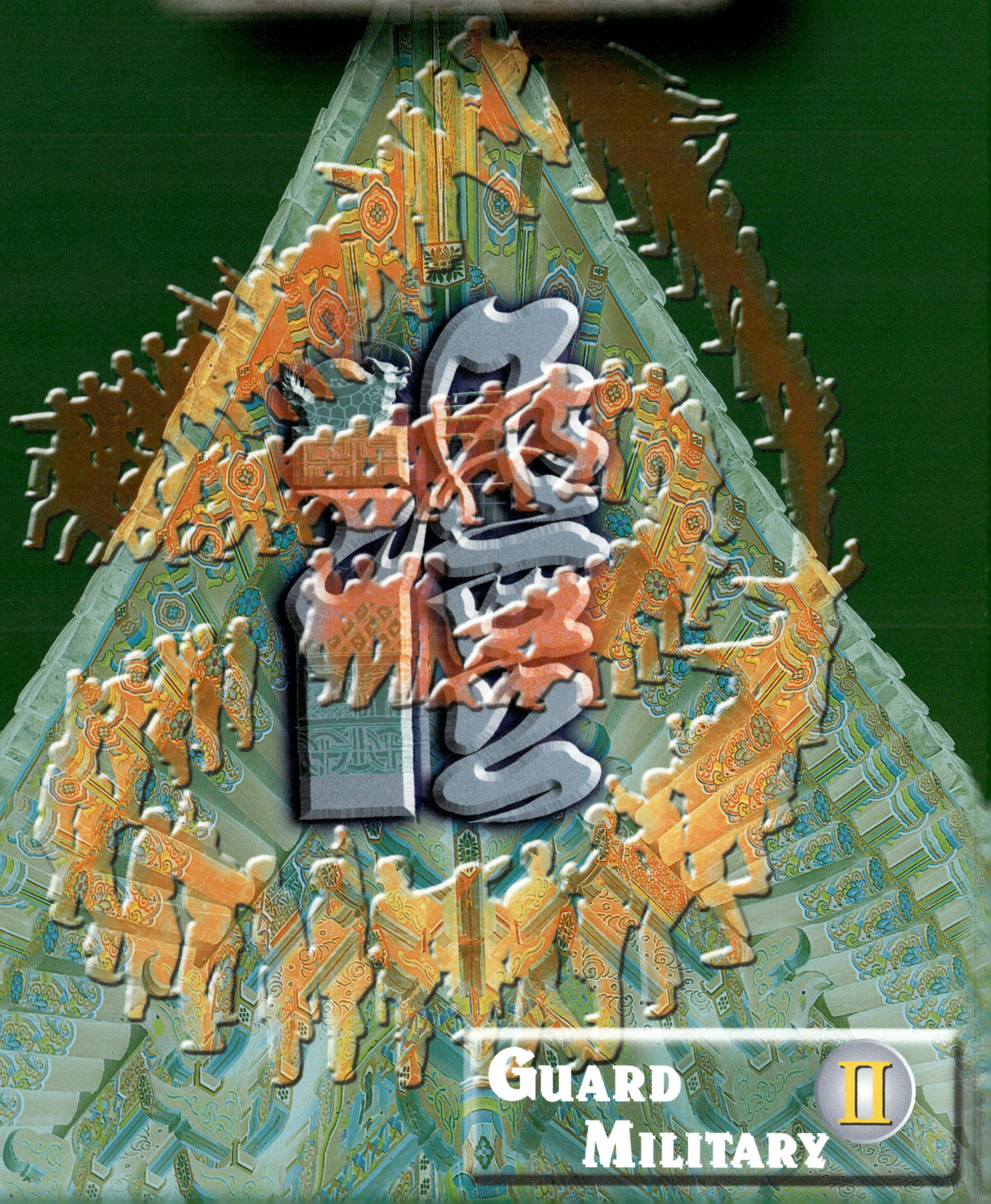

GUARD MILITARY II

GUARD MILITARY

警
護
武
術

警
護
武
術

警
護
武
術

警
護
武
術

警
護
武
術

護
警
武
術

警
護
武
術

1. 경호무술 창시 배경과 연구

경호무술을 연구하게 된 배경은 본인이 1986년 708특공대(경호부대) 군 복무 중일 때이다. 당시 우리나라 최초로 열렸던 국제적인 행사(86서울아시안게임)에 경호임무를 부여받아 경호작전에 투입될 군, 장병에 대한 경호교육훈련 프로그램을 준비하던 중에 경호직무에 필요한 매뉴얼을 연구개발하게 된 것이 경호무술을 창시하는 계기가 되었다.

당시 우리 군에서는 전술훈련, 유격훈련, 공수훈련, 충정훈련, 대테러진압훈련 등은 매뉴얼화된 프로그램은 있었지만 체계적인 경호훈련 프로그램매뉴얼은 없었으며. 특히, 경호직무에 적합한 호위호신 무술은 개발되어 있지 않았다. 군에서 도입한 당시 무예로는 태권도, 특공무술이 보급되어 있었으나 품세와 발차기 기술위주의 태권도와 야삽술, 총검술, 단검술과 같은 기술위주의 특공무술은 경호직무 수행에 적합하지 않다고 판단되어 경호직무환경에 적합한 새로운 경호기법과 호위호신무술을 창시자 본인이 독자적으로 연구하는 계기가 되었다. 이후 88서울올림픽 경호작전임무를 또다시 맡게 되면서 본격적으로 심도 있는 연구개발을 하게 되었다(본인은 경호학에 대한 학문적 이론을 최초로 정립한 경호실무 원저자이기도 함. 1994년 저술).

당시 무예연구를 위해 우리전통무예에 관한 문헌을 포함한 국내외 각종무술책 등을 참고했으며, 대통령경호실 연무관을 방문하기도 했었다. 그러나 기술개발을 위한 참고문헌은 매우 부족했으며. 대통령경호실 연무관마저도 태권도 유도 등을 경호원 교육교과목으로 채택해 수련할 뿐이라 특별히 참고할 만한 것이 없었다.

경호무술개발을 위해서는 경호직무환경을 충분히 고려하여 연구하고, 호위적 관점에서 기술을 체계화해야 하기 때문에 경호실무에서 요구되는 지식과 기술을 신체운동의 원리와 등속직선운동의 원리(물체에 힘이 작용하면 물체는 운동 방향이나 속력이 변하는 운동을 하게 됨) 등을 결합할 수 있도록 과학적으로 연구해야 한다. 특히 경호환경은 일격필살의 기술도 요하지만, 적을 일시적으로 신체 및 기선을 제압하여 역습을 차단하는 기술과 공격하는 기술이 적이나 제3자에게 노출되지 않도록 하는 기법이 더 요구되기 때문에, 이 같은 점을 고려하여 가능한 기술을 단순화하고 공격기술 또한 고의성이 노출되지 않도록 착안했다. 그리고 고대로부터 전해 내려오는 경혈(급소)에 대한 공격기법과 신체의 타격이 극대화될 수 있도록 다양한(치기, 차기, 꺾기, 찌르기, 긋기, 잡기, 조르기, 비틀기, 밀치기, 당기기, 던지기) 기술을 착안하고 다음으로 기술 간 결합해 응용할 수 있도록 연구했으며, 무기술을 새롭게 배우지 않아도 맨손기술을 무기술로 전환할 수 있도록 체계화해 짧은 기간의 수련으로도 많은 기술과 응용력을 극대화할 수 있도록 했다.

이외로도 적의 칼, 검, 곤, 총, 폭발물과 같은 무기 공격수단에 따라 대응할 수 있는 무기술을 포함해 다양한 급조무기술이 실전에서 자유롭게 사용되도록 창안했다. 이 같은 체계는 다양한 무예 수련단계를 줄여주는 효과로 인해 수련자가 배우고 익히기에 쉽도록 하는 효과도 있다. 그리고 적의 기습공격유형과 다수의 집단적 동시공격유형에 대비해 유효적절하게 대응할 수 있도록 방향전환과 위치이동에 자유롭고 빠르게 하기 위하여 불필요한 동작을 줄이고 에너지 소모를 최소화될 수 있도록 전환선법체계를 만들었다. 전환선법은 안정된 평형감각을 익히고 전후좌우를 직선, 사선, 곡선으로 짧고 길게 신축성 있게 움직일 수 있도록 체계화했으며, 이를 통해 신법, 두법, 권법, 수법, 족법, 무법을 자유롭게 공방기술로 구현하도록 했다. 즉, 위해기도 자들의 다양한 공격 유형에 신속 정확하게 대응할 수 있도록 착안했다고 할 수 있다. 수련단계 또한 기본 기술을 배우고 그다음으로 기술 간 연결해 혼용하는 방법을 배우고 마지막으로 수준을 높여 응용하는 방법을 배우도록 해 과학적으로 훈련되도록 하였다. 끝으로 수련자가 경호무술을 배우고 익히는데 어렵지 않도록 용법에 맞는 용어를 알기 쉽게 정리하였다. 이처럼 경호무술은 기술의 체계화와 정형화를 완벽하게 구현해 만든 최고의 무예라고 단언한다.

2. 경호무술 태동과 무예발전

무예는 책으로 전해지고 발전되어 내려왔다

무예는 싸움기술로서 상대를 제압하고 적을 살상하기 위한 기술로 발전해 왔다고 할 수 있다. 문헌 속에 담긴 기록에 의하면 무예는 국가적인 차원에서 관리할 정도로 매우 중요시했던 것으로 보인다. 특히 난세에 무예에 대한 중요성을 재인식하고 무예 책을 국가가 직접 편찬해 왔음을 알 수 있다. 우리 민족 무예문헌으로 발견된 무예제보는 임진왜란 직후인 선조 1598년에 편찬된 것이고, 무예제보번역속집은 12년 후인 1610년 광해군 2년에 편찬된 것으로 보아 임진왜란 직후 무예진흥의 중요성이 강조되면서 수년간 집중적으로 연구한 것을 알 수 있으며, 무예도보통지 편찬시점도 정조 14년 때인 1790년 간행된 것으로 군신 간 대립이 극도로 고조되었던 난세의 시기였다.

이 같은 사례는 가까운 중국도 예외는 아니었던 것으로 보인다. 중국의 대표적인 고대 무예서인 무비지를 편찬한 시기도 명나라의 내우외환으로 시대적 암흑기와 같았다. 무비지를 저술한 모원의는 후금 전권에 저항해 싸웠던 인물이다. 특히 여진족과 후금에 대한 적대감이 컸고 이들과 대립하며 무예진흥정책에 심혈을 기울였던 것으로 보인다.

최근 근대사에서도 이와 유사한 점을 발견할 수 있는데 가까운 일본이 제2차 세계 대전 전후에 유도, 공수도, 합기도와 같은 책을 집중적으로 출간하였으며, 우리나라에서도 6·25사변 전쟁 직후인 1959년 최홍희 현역장군에 의하여 태권도 책이 출간되었던 점 또한 전쟁과 무관하지 않다.

본인이 저술한 경호무술 또한 사회질서가 문란하고 국제환경 또한 새로운 테러리즘에 의하여 개인의 신변위험이 크게 증가하면서 시대적 필요요구에 의하여 태동하는 배경이 되었다고 할 수 있다. 아울러 이런 관점에서 경호무술을 책으로 집대성하여 표준교범을 출간한 것이다.

무예연구는 국가가 주도(살생술 집중 연구)

이처럼 무예는 시대를 초월하여 권력유지와 국력을 유지하기 위한 수단적 가치로 널리 인식되었고 이로 인해 난세, 전쟁, 치안이라는 공통된 위험에 의하여 무예는 그 대안으로 자연스럽게 연구되었다는 사실이다. 아울러 이 같은 시기에 무예기법을 집중적으로 연구하면서 적을 효과적으로 제압하고 살상시킬 수 있는 기법을 연구하기 위하여 무예연구 전담기구들을 두었음을 알 수 있다. 이 같은 단서는 무예도보통지 기록에도 있다. 무예도보통지 편찬을 정조대왕의 명에 의하여 집필했다는 기록으로 봐서 국가가 전담 기구를 두고 주도적으로 연구케 했음을 알 수 있다.

이 같은 기구에 의한 무예연구는 맨손무예부터 창, 칼, 검, 곤과 같은 다양한 무기무예의 수련법까지 연구하고 더 낳아가 적을 효과적으로 살상할 수 있는 기법 개발을 위하여 살상력 효과를 보다 극대화하기 위하여 오늘날 화력전, 생화학전, 대테러전 등에 대비해 연구하듯이 당시에도 전문 연구기관을 두고 근접 육박격투전이 비중 있게 치러지던 전쟁의 특성상 이를 체계적으로 연구에 몰두했던 것으로 보인다. 특히 오늘날까지도 전해 내려오는 신체급소인 혈을 연구하기도 했던 것으로 보인다. 그리고 이 같은 연구를 위해 전쟁에서 포로로 잡혀온 적장이나 병사들을 대상으로 다양한 공격기법을 적용해 신체반응과 의식반응 호흡반응 등을 집중적으로 연구했을 것으로 추정된다.

그리고 지금까지 전해지고 있는 무예기법에서 사람을 치는 데는 반드시 그 혈로써 하는데, 훈혈(暈血)·아혈(啞血)·사혈(死血)이 있다. 그 혈을 가려서 가볍게 또는 무겁게 치면, 혹 죽기도 하고, 혹은 혼수상태에 빠지기도 하고, 혹은 언어장애인이 되기도 하는데, 털끝만큼도 차이가 없다는 기록이 있는 것으로 보아 신체 실험에 의한 것이 분명한 것으로 보이며, 당시의 연구들이 상당한 경지의 기법들로 연구되어 체계화되었던 것으로 보인다.

그리고 이같이 개발된 기법은 소수 핵심인물을 중심으로 공유되고 일반인들에게는 전승되지 않았던 것으로 보이고, 이 같은 비술은 왕을 호위하는 호위무사들에게 전승되어 오지 않았을까 하는 생각을 해 봤다. 또한 나라마다 이 같은 연구결과물을 비밀에 부치고 비급술로 전해졌으리라는 것이 본인의 연구결과다.

21세기 무예는 다가치에 의하여 발전

오늘날 현대사회에서는 무예가 전쟁뿐 아니라 범죄 및 테러의 증가 원인으로 개인의 호신적 기능으로 그 역할을 하고 있고 이외에도 국민의 체육 증진과 교육 증진에 이바지하고 있다.

최근에는 다양한 무예대회로 인한 스포츠와 오락 등으로 참여하고 즐기는 새로운 문화로 발전되고 있으며, 더 나아가 무예문화적 예술로 점프와 같은 무예공연으로까지 발전하고 있다. 이처럼 21세기 무예는 다가치에 의하여 다양한 영역으로 더욱 발전하리라 예상한다. 이처럼 대중적으로 수련층이 남녀노소로 확대되면서 보고 즐기고 참여하는 문화로서 새로운 무예문화로서 우리 생활 깊숙이 뿌리내리고 있다. 이 같은 변화는 이미 시작되었다고 할 수 있으며, 단순한 문화를 벗어나 이제는 무예산업으로 볼만큼 그 영역이 이미 전문화되어 있고 시장이 팽배해져 있다.

이처럼 무예가 다양한 계층과 사회에 기여하면서 그 기능과 역할이 확대될 것으로 보이며, 앞으로 경호무술이 무예산업을 주도해 나아갈 것으로 본인은 믿어 의심치 않는다. 옛날부터 전해 내려오는 말 중에 무예를 배우지 않는 사람은 자신의 몸을 귀하게 하지 않는 것과 같다는 말이 있다. 무예는 선택이 아닌 필수로서 우리 생활 속에 깊이 스며들고 있으며, 이로 인해 무예는 앞으로도 변함없이 계속 발전해 나아갈 것으로 보인다.

3. 경호무술은 우리 민족의 대표적인 전통무예다

전통무예 복원과 재현

경호무술은 역사적으로 조선시대에 궁중의 군왕과 궁성의 경호를 맡아보던 호위청(扈衛廳)(인조원년 1623년~고종 1894년)의 무예를 현대적 사회 여건과 무기 등 변화된 환경 등을 고려해 경호실무를 기초로 창시자 본인에 의하여 연구개발된 것이며, 전통무예정신을 기초로 체계화하였기 때문에 경호무술은 전통무예의 맥을 계속 발전시킨 것이라 하겠다.

우리나라에서도 많은 무예인이 전통무예를 복원하려고 심혈을 기울여 노력하고 있으나 기술체계에 관한 원형이 거의 남아 있지 않아 복원하기 어려운 상황이다. 따라서 그동안 연구개발된 대부분의 전통무예들은 복원무예라고 하기보다는 재현무예에 가깝다고 할 수 있다. 현재 복원했다고 하는 24반무예를 제외하고 18기, 6기 검법, 본국검, 마상무예 등은 80~90% 이상이 엄밀하게 말하면 유추해 재현한 것으로 복원무예라고 말하기에는 무리가 있다. 그나마 무예도보통지와 같은 실증적인 문헌이 존재하고 있어 재현에 근거가 될 수 있어 다행스러운 일이다.

그러나 그 외 복원무예라고 하는 무예 중 조선세법은 중국 명나라 때 모원의 라는 사람이 <무비지>라는 책에 조선세법(조선에서 배운 검법이라는 뜻)을 소개한 문헌을 근거로 우리의 전통무예를 복원했다고 주장하는 무예도 있다. 국명(國名)으로 사용했던 '조선'이라는 단 두 글자와 도면을 근거해 복원했다고 하는 무예를 과연 복원무예라고 할 수 있을까? 특히 조선세는 무예도보통지 24기 중 1기에 불과하고 무비지 24세 기본자세만으로 복원한다는 것 자체가 불가능하다고 보인다. 그리고 조선세법은 사실상 무예도보통지에 수록된 내용으로 새로울 것이 없다고 생각한다.

고 문헌에서 찾은 1,200년 된 경호무술 발굴

이같이 문헌적인 관점에서 경호무술을 바라본다면 경호무술이야말로 우리 전통무예 중에 가장 역사가 깊고 명확한 전통무예로서 대표할 수 있다고 본다. 물론 무예에 관한 사료가 부족하다 보니 성과가 노력보다 그다지 크지 않았지만 우리 민족 전통무예 경호무술이 있었다고 추정할 만한 문헌을 찾기는 그리 어렵지 않았다. 그러나 안타깝게도 1,300년 전부터 조선 말기까지 호위청에서 비술로 전승되어 오던 경호무술이 일본군에 의하여 단절되었다는 사실을 확인하게 되었다. 다시 말해 문헌을 통해 우리나라도 고유한 경호무술이 있었다는 사실을 알 수 있었다.

그리고 우리나라 경호무술의 역사는 문헌적 근거만으로 본다면. 신라 진덕 5년부터 조선 고종 31년까지 1,200년의 긴 세월 동안 이어온 무예임을 알 수 있다. 왕과 세자 그리고 왕성을 호위하기 위하여 설치되었던 기구들이 우리 역사기록에 고스란히 남아 이를 입증하고 있기 때문이며, 결정적인 단서로는 무예도보통지 저술에 참여했던 백동수 등은 왕의 호위를 담당하던 호위청(장용영)의 호위무사들이었다는 사실이 이를 뒷받침하고 있는 것이다.

고대 신라시대부터 고려시대 조선시대에 이르기까지 왕을 호위하기 위한 전담 기관을 두고 있었음을 문헌을 통해 확인할 수 있었으며. 그 기원과 기관은 신라 진덕 5년(651년)에 설치된 시위부[侍衛府], 고려 명종 9년(1179년)에 설치된 서방[書房], 고종 14년(1227년)에 설치된 도방[都房], 조선 태종 7년(1407년)에 설치된 내금위[內禁衛], 태종 18년(1418년)에 설치된 익위사[翊衛司], 인조(仁祖)원년(1623)에 설치된 호위청(扈衛廳), 정조 1년(1777년)에 설치된 숙위소[宿衛所], 고종 31년(1894) 호위청(扈衛廳) 등이 존재했음을 알 수 있다.

그러나 그 명맥이 하나로 이어졌다고 보기 어렵더라도 인조원년에 설치되어 고종 31년까지 유지되었던 호위청을 기준으로 보더라도 300년의 긴 역사를 유지한 것은 매우 놀라지 않을 수 없다.

일본군에 의하여 사라진 경호무술

조선시대 인조(仁祖)원년(1623)에 군왕과 궁성을 경호하기 위하여 호위4청을 두었고. 이후 현종(顯宗) 때에 호위 3청으로 개편한 후 정조(正祖) 2년(1778)에 호위1청으로 또다시 개편되었다가 고종 31년(1894)에 일본군이 경복궁을 점령하면서 호위청이 강재로 폐지되었다(갑신정변 이후 고종의 갑오개혁에 의한 군제개편으로 호위청이 폐지됨. 신식군대 도입의 일환이라고는 하지만 실상은 일본군 강압에 의하여 고종의 호위친위부대를 해체해 마지막 남은 조선의 왕권을 찬탈한 것이며. 이때 호위무술도 사라지게 됨). 이처럼 호위청에 관한 문헌은 조선왕조실록(인조실록, 정조실록, 고종실록)에 기록되어 전해 내려오고 있으나, 아쉽게도 지금으로서는 호위청에서 수련했던 경호무술원형을 확인할 수 있는 문헌이 발견되지 않았다. 그러나 다행스럽게도 훈련도감이었던 최기남이 편찬한 무예제보 번역속집 권법과 호위무사였던 백동수 등이 편찬한 무예도보통지 권법에 일부 단서가 남아 있어 귀중한 자료가 되고 있다. 그리고 100여 년 전에 일본군에 의하여 호위청이 강제 폐지될 때까지 300년간 이어온 점을 고려할 때 그 역사가 매우 깊은 만큼 매우 뛰어나고 훌륭한 경호무술 기술체계를 유지해 전승됐으리라는 추측이 가능하다.

이같이 고종 31년까지 300여 년간 우리전통무예문화로서 찬란하게 이어져 내려왔을 경호무술에 새 생명을 불어넣어 우리전통무예로서 후대에 훌륭한 문화유산으로 전해지기를 바라는 마음 간절하다. 일본군에 의하여 강제로 사장되어 100여 년간 역사 속에 묻혀 있던 호위무술이 21세기에 찬란하게 경호무술로 부활하기를 기대한다.

4. 무예고서에서 찾은 호위청의 경호무술

무예도보통지는 호위무사가 연구

경호무술연구에 전통적인 맨손무술인 권술, 권법, 공수라고 불리는 무예와 특히 조선 정조대왕 때 발간된 무예도보통지 권법은 본인이 경호무술을 연구하는 데 많은 도움이 되었다. 무예도보통지 편찬에 참여했던 인물 중 백동수 등은 정조대왕을 최측근에서 호위하던 호위청의 호위무사들이었고 이들이 남긴 문헌 속에서 경호무술의 단서를 유추할 수 있었다.

기효신서편에 나오는 권법해를 보면 권법은 수족을 활동시키고, 지체를 단련하니, 이것은 초보자들이 무예에 입문하는 길이다. 그리고 각종 무기술은 권법으로 몸을 움직임에서부터 유례하지 않는 경우가 없으매, 권법이란 것은 무예의 근원이다. 이렇게 기록되어 있다. 본래 무예는 권법, 즉 맨손무예를 제대로 익혀야 곤, 창, 칼, 검과 같은 무기술을 연마하는 데 어려움이 없다고 했다. 권법은 모든 무예수련에 있어서 그 기본이 된다고 강조됐으며, 이 같은 맨손무술은 적의 기습공격에 흔하게 벌이질 수 있는 경호 환경에서는 더욱 중요시된다고 할 수 있다.

오늘날 전통적인 무예를 연구하기 위해서는 고 문헌을 참고해 연구해야 하는데, 대부분 무예 관련 문헌은 조선실록으로 무예에 대한 발언록이 대부분이고 고 군사서에 나오는 유사자료 또한 군 전략 전술과 같은 내용으로 수록되어 무예원형에 대한 연구에는 큰 도움이 되지 못하는 것이 사실이다. 이렇듯 무예를 참고할 만한 고 문헌이 그리 많지 않은 상황에서 조선 광해군 때에 발간된 무예제보번역속집과 조선 정조 때에 발간된 무예도보통지만이 유일한 무예참고서라고 할 수 있다. 물론 역사적으로도 국내 유일본으로 사료적 가치로 볼 때 매우 중요한 가치를 지녔다고 할 수 있다. 그리고 무예서적에 나오는 여러 무예기법 중에서도 특히 권법을 참고해 연구하면서 새로운 사실을 알게 되었고 기술 및 기술체계에 대한 기술정립의도를 유추할 수가 있었다.

무예도보통지가 현재 남아 있는 무예교재로서는 최고 수준의 것만큼은 사실인 것으로 보인다. 그러나 본인이 연구해본 바로는 최고수준의 무예는 아니라는 결론을 얻었다. 물론 오늘날의 무예 수준과 비교한다면 더욱 그렇다고 할 수 있다. 그렇다면 왜 낮은 수준의 권법을 무예도보통지에 기술해 놓았을까? 궁금하지 않을 수 없다.

그동안 다른 무예인들의 연구는 무예도보통지 무예를 복원하려는 데 문헌에 있는 원형기록이 부족하고 도해가 정지된 장면이어서 연결동작을 알 수 없고 해설 내용 또한 예측하기 어렵다 보니 복원에 한계를 느껴 현란하고 화려한 동작 위주로 재현하려고 노력한 흔적들이 많이 나타난다. 이 같은 특징은 검술 등에서 두드러지게 나타나는 것으로 보인다. 그러나 본인은 우선 다른 무예인들과는 달리 무예도보통지 속에 호위적 관점에서 우리의 전통적인 경호무술이 어디에 그 단서가 남아 있지 않을까 하는 생각으로 무예제보번역속집과 무예도보통지에 기술된 권법에 주목하게 되었다.

특히 정조 대왕 어명에 의하여 무예도보통지 저술에 참여한 인물들이 정조를 최측근에서 호위하던 호위무사들로 구성된 점을 들어 당시의 경호무술 단서를 찾을 수

있을 것이란 생각을 하게 되었다. 아울러 달라진 현대적 경호환경에서 필요한 경호기법과 무예의 원리라도 경호무술은 그 기본 원리는 같지 않았을까 하는 호기심도 작용했다. 물론 경호환경이 아니더라도 권법은 변화된 시대적 환경에서도 여전히 맨손무술의 필요성이 강조되기 때문이다. 과거와는 달리 고전적인 칼, 검 무기체계와는 달리 현대화된 다양한 총기류와 폭발물 등으로 새로운 경호기법이 요구되기는 하지만 상대적으로 다른 위협수단 및 수준에 따라 맨손무술이 필요한 환경도 여전히 존재하기 때문이다. 그리고 무예자세와 체계는 물론 교육훈련을 염두에 두고 당시에 설정된 수련체계 및 수준설정은 어떻게 구성했는가 하는 관점에서 접근하려고 노력했다. 교육훈련이란 가르치고 배우는 관계가 설정되고 그 대상의 수준과 훈련의 목표를 설정했으리라는 추정을 했고, 이 같은 문제는 오늘날에도 꼭 필요한 설정이기 때문이다. 무예의 비술이나 비법을 확인하기 위해 연구를 시작했지만 무예문헌을 보면서 교육훈련 체계와 원리 교육훈련의 목표설정 등에 더 관심을 두었다고 할 수 있다.

무예도보통지 권법

무예도보통지를 저술한 이들은 당대 최고의 무예전문가라고 할 수 있는 이덕무(李德懋) 박제가(朴齊家), 백동수(白東修) 등이었다. 다른 군사서적들이 전략·전술 등 이론을 위주로 한 것임에 비해 이 책은 무예동작 하나하나를 그림과 글로 해설한 실전 훈련서라는 특징을 지닌다. 그러나 동 권법에 대한 기술체계에 대한 원형을 모두 이해하기에 매우 어렵다고 할 수 있다. 무예동작 그림에 해설이 붙어 있기는 하지만 동작이 연결되어 있지 않고 해설 또한 대부분 특정자세에 대한 고유 명칭이 존재하고 있는데 정지된 기초자세로서 다른 동작으로 이어지는 자세를 이해할 수 없기 때문이다. 무예도보통지 권법에 등장하는 34개의 자세명칭(탐마세(探馬勢), 요란주세(拗鸞肘勢), 현각허이세(懸脚虛餌勢), 순란주세(順鸞肘勢), 칠성권세(七星拳勢), 고사평세(高四平勢), 도삽세(倒挿勢), 일삽보세(一霎步勢), 요단편세(拗單鞭勢), 복호세(伏虎勢), 하삽세(下挿勢), 당두포세(當頭砲勢), 기고세(旗鼓勢), 중사평세(中四平勢), 도기룡세(倒騎龍勢), 매복세(埋伏勢), 오화전신세(五花纏身勢), 안시측신세(雁翅側身勢), 과호세(跨虎勢), 구유세(丘劉勢), 금나세(擒拿勢), 포가세(抛架勢), 접주세(拈肘勢), 나찰의출문가자변하세(懶札衣出門架子變下勢), 삽보세(霎步勢), 단편세(單鞭勢), 금계독립세(金雞獨立勢), 지당세(指當勢), 개정법(箇丁法), 수두세(獸頭勢), 신권(神拳), 일조편세(一條鞭勢), 작지용하반퇴법(雀地龍下盤腿法) 조양수편신세(朝陽手偏身勢))이 존재하지만 지금으로서는 대부분 명확하게 해석할 수도 없다.

다만 무예제보와 중국의 무비지 및 기효신서에 나오는 도면 그림과 해설을 참조해 유추할 수 있는데 명칭과 자세가 약간씩 변형되어 확신할 수 없다. 다만 특징적인 것은 무비지에서 권법을 소개하기를 권법은 32세로 구성되어 있고 세마다 이어져서 변화가 무궁하여 미묘함이 헤아릴 수 없으니 깊도다. 어느 경지에 오르지 못하면 아무리 궁리해도 알지 못함으로 신(神)이라 부른다고 소개되어 있다. 무예도보통지 권법은 중국의 무비지권법세를 거의 그대로 도입하면서도 무비지 권법과는 달리 병사들 교육훈련에 필요한 표준형을 제시한 것으로 보인다. 그러나 권법이 지금의 태권도처럼 길게 이어진 품세와 달리 간결하게 구성되었고 간결하게 구분된 권법동

작을 다른 권법동작과 연결되도록 구성해 배우고 또 익히기 쉽고 실전에 응용이 쉽게 체계화된 것으로 보인다.

무예제보번역속집 권법편에 보면 자세명칭이 42개 기본자세가 나오지만, 무예도보통지에는 34개의 기본자세만 나온다. 그리고 무예제보 권세총도를 보면 무예도보통지의 간결한 권법과는 달리 지금의 품세처럼 길게 이어진 권법형으로 이루어져 있다. 그리고 중국의 문헌들을 살펴보면 발차기 수련법만 해도 18가지나 되었다고 기록되어 있으나 무예도보통지 권법에서는 발차기를 거의 볼 수가 없다. 역시 현재나 과거나 발차기는 여전히 고난위 기술이었던 것으로 보인다.

권법을 간결하게 구성한 이유

중국 고서 영파부지(寧波府志)에 이르기를, "소림법(少林法)은 사람을 치고 솟구치며 뛰며 분기하여 뛰어넘는 것을 위주로 하는데, 혹 잃어버리고 소홀히 되었다. 때문에 가끔 사람들이 꾀하는 바가 되었다.
송계법(松溪法)은 적을 방어하는 것을 위주로 하며 곤액(困厄)을 당하지 않으면 술법을 발휘하지 않는다. 발휘하면 마땅히 반드시 쓰러뜨리는바 가히 꾀할 틈을 없게 한다. 사람을 치는 데는 반드시 그 혈로써 하는데, 훈혈(暈血)·아혈(啞血)·사혈(死血)이 있다. 그 혈을 가려서 가볍게 또는 무겁게 치면, 혹 죽기도 하고, 혹은 혼수상태에 빠지기도 하고, 혹은 언어장애인이 되기도 하는데, 털끝만큼도 차이가 없다. 더욱이 신비한 것은 경(敬)·긴(緊)·경(徑)·근(勤)·절(切)의 다섯 자 비결은 입실(入室) 제자가 아니면 서로 전수하지 않으니, 대개 이 다섯 자는 일반적으로 쓰지 않고, 그 쓰임을 신비하게 하는 바 오히려 병가의 인(仁)·신(信)·지(智)·용(勇)·엄(嚴)과 같다고 할 것이다."라고 쓰여 있다. 당대 조선최고의 무예전문가라고 할 수 있는 이덕무(李德懋) 박제가(朴齊家) 백동수(白東修) 등이 이를 모를 리 없었다고 본다. 이들은 정조대왕의 어명에 의하여 왕명에 의하여 움직일 수 있는 호위청, 이후 정조대왕의 장용영친위군대를 확대 개편했다.

정조는 자라면서 아버지인 사도세자가 뒤주 속에 갇혀 죽는 광경을 목도해야 했고 이후 자신이 권좌에 오르고도 실권을 장악하고 있던 노론에 의하여 자신이 갖고 있던 정책을 마음대로 펼칠 수도 없었으며, 즉위 이후 연달아 일어난 세 번의 암살기도 등에 의하여 신변위협을 크게 느낀 정조대왕은 자신을 호위하던 호위청, 숙위소, 장용위, 장용영 등으로 새로운 금위체제에 따라 조직, 개편하여 노론의 사병이나 다름없었던 기존 5군영에 대항할 수 있는 왕의 친위부대인 장용영을 확대해 왕권 강화를 시도했다.

당시 호위청은 300여 명 내외로 최소한의 호위무사로 구성된 부대로서 노론이 군대의 전권을 장악한 5군영에 대항하기에는 턱없이 부족할 수밖에 없었다. 그래서 단순히 왕을 호위하는 호위부대를 뛰어넘어 왕권을 강화할 수 있는 군대를 육성해 노론이 장악한 5군영에 대항할 수 있는 친위부대를 목표로 했던 것으로 보인다. 이 같은 임무를 장용영장교 백동수에게 주어졌고, 병사들에게 효율적으로 훈련할 수 있는 수준의 권법을 체계화하는 과정에서 200여 년간 이어져 내려온 호위청의 비술[祕術]인 경호무술이 기초가 되었다고 보인다. 그러나 이들에게 모두 익

히게 하는 데에는 여러 어려움이 있었을 것으로 보인다. 특히 중국에서 전해 내려왔다는 경(敬)·긴(緊)·경(徑)·근(勤)·절(切)의 다섯 자 비결은 입실(入室) 제자가 아니면 서로 전수하지 않은 것처럼 이에 버금가는 조선의 호위청의 비술[祕術]은 국가 기밀사항으로 보안 취급되어 일반노출은 꺼렸을 것으로 보이며, 또한 일반병사들에게 호위청의 비술을 가르친다고 해도 고난도의 수련을 위해서는 장시간의 수련기간과 타고난 신체조건 등이 전제되어야 체득 가능한 매우 어려운 고난도 무예였을 것으로 보인다. 아울러 수련과정 또한 누구나 가르친다고 체득하거나 배울 수도 없었을 것이다.

따라서 시간도 많지 않을뿐더러 고난도의 비술을 체득할 만한 타고난 신체조건(운동신경)의 병사들을 확보하기에도 어려움이 컸을 것으로 보이며, 특히 노론의 사병에 맞설 수 있는 정예 병력을 짧은 시간 안에 양성하기 위해서는 습득하기 쉬운 낮은 수준의 기술체계 수련단계로서 실전력 있는 제압기술 위주로 체계화와 정형화에 힘썼을 것으로 추정된다. 이 같은 사실은 그림과 해설용어 등으로 짐작할 수가 있다.

무예도보통지의 권법에서는 명나라 중엽에 소림권법처럼 솟구치며 뛰며 분기하여 뛰어넘는 동작을 찾아볼 수가 없다. 그리고 무예제보번역속집에 나오는 복잡하고 힘든 자세로 이루어진 권법형도 없으며, 중국문헌에 나오는 18가지 발차기도 거의 발견할 수가 없다. 무예도보통지에 기술된 그림과 해설내용을 참고해 볼 때 짧은 시간으로도 습득할 수 있고 타고난 신체기능(운동신경)이 없어도 충분히 체득할 수 있도록 보통의 낮은 수준의 기술체계가 무예도보통지 권법의 특징이라고 할 수 있다. 그림에 등장하는 시현인물을 보면 체격이 우람한 것을 알 수 있다. 그리고 배가 나오고 많은 동작에서 손동작이 대부분으로 구성되어 있다 이것은 중국의 내권기술 중 상대의 급소공격 위주로 권법체계를 갖춘 것으로 보이고 그림에 등장하는 발차기는 족장밀어차기자세로 발차기 중 가장 손쉬운 동작이면서도 가장 유용한 발차기이다. 직선으로 다가오는 적의공격으로부터 허리 몸통 높이로 발을 낮게 들어 올려 뻗어 차는 동작으로 방어에 쉬운 발차기이면서 적을 창이나 칼, 검 등의 무기로 찌른 후 무기를 신속하게 뺄 때 사용될 수 있는 가장 효과적인 발차기인 셈이다.

그리고 권법동작이 간결해 일격필살로 적을 단번에 제압하고 이에 실패했을 때에는 다른 권법자세를 이어 혼용해 공격하게 한 점은 매우 실용성이 뛰어난 권법이다. 동 권법은 일반병사들을 교육훈련하기에 적절한 체계로서 그 어떤 무예나 권법보다도 과학적으로 연구된 매우 훌륭한 군 권법이라고 말할 수 있다. 만약 이와 같은 권법이 아닌 소림권법과 같이 현란한 권법체계를 그대로 도입되었거나 오늘날의 태권도처럼 복잡한 품세체계와 고난도의 발차기를 갖추고 있었다면 실용적인 군사무예가 되지 못했을 것으로 보인다. 호위청의 호위무사들만이 수련했을 것으로 보이는 비술[祕術]인 경호무술을 병사들에게 가르치려 했다면. 더더욱 문제가 되었을 것으로 보인다.

호위청 경호무술의 단서?

무예도보통지에 기술된 권법은 호위청의 호위무사들이 아니었다면 일반 병사들이 배우고 가르치고 익히기 쉬운 권법체계를 연구하지 못했을 것으로 생각한다. 이 같은 결과는 당시 200년간 지속하여온 호위청의 비술[祕術]인 경호무술이 전해 내려왔기 때문으로 보인다.

　무예도보통지를 연구해 경호무술에 적용한 부분은 권법동작의 간결성과 혼용성 부분으로 어떻게 보면 잊혀진 경호무술의 단서를 무예도보통지 권법을 단서로 유추해 역해석할 수 있었다고 본다. 호위청에서 수련했을 비술[祕術]인 경호무술이 호위무사였던 백동수 등에 의하여 무예도보통지에 그 단서를 남겼고 본인에 의하여 발견되어 경호무술을 완성하는 데 큰 도움이 되었다고 할 수 있다.

　무예도보통지에 기록된 권법 동작의 간결성과 혼용성을 단서로 맨손동작에 칼, 검, 곤무기의 혼용과 응용으로 경호무술에 적용해 체계화했다. 물론 무예도보통지 권법과는 달리 소림권법처럼 솟구치며 뛰며 분기하여 뛰어넘는 고난도 동작 등도 조선 특유의 독창적인 체계로 호위청의 호위무사들에게 비술[祕術]로 수련되고 전승됐다고 보이며, 이 같은 고난도의 기술도 유추해 적용했다. 무예도보통지 권법체계는 기초기술로서 비술[祕術]의 단서라고 생각한다. 이를 뒷받침할 수 있는 것이 1610년 광해군 2년에 훈련도감 최기남에 의하여 편찬된 무예제보번역속집에 더 확실하게 나타난다. 무예제보번역속집은 중국의 기효신서의 권보50과 새보전서의 송태조 권법 32를 보충하여 새롭게 권보 42로 체계화한 것은 조선 특유의 무예로 발전되어 있었음을 알 수 있다. 이 같은 단서로 기술체계를 재현해 변화된 현대적 환경에 맞도록 새롭게 창안하여 이미 없어지고 잊혀진 우리 민족 전통무예를 계승발전시키고 조선시대에 존재해 왔던 호위청의 호위무사들이 익혔을 비술[祕術]을 100여 년이 지난 지금 호위청의 경호무술을 유추 재현해 오늘날의 현대적 창시 경호무술을 완성하게 되었다.

5. 경호무술 창시 20년사

1986 4.   708특공대(경호부대) 군 복무 중 86서울아시안게임과 88서울올림픽게임 경호작전임무
            계기로 창시자장명진선생에 의하여 독자적으로 경호무술연구 시작

1992 2.16 경호무술작명(경호직무수행에 필요한 지식과 기술)교안 완성
      2.16 국제경호협회 설립(고유번호 : 204-82-69117)
      3.21 국제경호아카데미 설립(사업등록번호 : 216-95-04418 현유지)
      5.20 국제경호협회 경호무술 인증기관 지정(지부인증 지정)
      8.20 중랑경찰서 신내파출서 형사 및 경찰 경호, 경호무술 사용자제 요청

1993 4.18 학원설치운영에 관한 법률에 경호교육(경호무술)을 포함하는 개정안 교육부에 건의
      12. 1 교육부 대학행정지원과 경호교육(경호무술교과) 자문 지원
      12. 4 경호실무 연구 보완

1994 4.15 국제경호시스템(경호전문회사-주식회사 탐경 법인전환)설립
      4.20 국제경호협회 중랑지부 설립(지부장 변만균)
      9.29 국제경호협회 서울특별시 사회단체 신고(신고번호 : 제504호)
      10.10 서울지방경찰청 수사과 창시자 연행 대통령경호실법 관명사칭위반
            (제5조 경호시: 경호관을 경호원이라 칭한다)조사
      10.24 경호무술세미나 1회 개최(무술체육관 관장, 사범대상 24명)
      11. 4 출판사 등록(등록번호 : 제18-49호. 국제경호출판사)
      11.15 경호실무(경호무술 교과 포함)출판(등록 : 제18-49호, 저작권등록번호 : 제C-2005-000737호)
      11.17 경호호신법을 경호운전술법,경호사격술법,경호무술로 재 정립
      11.18 실무자 경호무술교수법 연수 개최(국제경호협회본부장, 예비지부장대상)
      11.20 국제경호아카데미 경호원중급, 고급 양성과정 경호무술 인증

1995 2.18 국제경호협회 노원지부 설립(지부장 강영재)
      2.25 1995년 상반기 경호무술지도자 교육수료(12명)
      2.26 국제경호협회 강원본부 설립(본부장 이승일)
      3. 7 무술협회, 체육대학에 경호실무책 400여 권 증정
      4. 1 국제경호협회 마포지부 설립(지부장 장용진)
      4. 4 국제경호협회 충주지부 설립(지부장 이근학)
      4.15 월간신동아 5월호 경호무술 기사게재
      4.29 국제경호협회 동해지부 설립(지부장 김동준)
      5.17 전국치안봉사활동 사업시행(200명 참가)

5.20 국제경호협회 용인지부 설립(지부장 박장기)

6. 1 국제경호협회 장흥지부 설립(지부장 박대순)

7.24 국제경호협회 인천지부 설립(지부장 안창영)

7.29 국제경호협회 강릉지부 설립(지부장 함동천)

9. 2 국제경호협회 횡성지부 설립(지부장 신대선)

9.30 교육부 대학 행정지원과 경호 및 경호무술학과 설립인가 자문지원

10.12 학원폭력예방운동 봉사 참여(학원폭력예방재단)

11. 4 청원경찰 보수교육 강사지원 사업시행(6명)

12. 5 학교폭력퇴치법 경호무술 시범 스포츠서울 7일자 신문기사 게재

1996 1.15 국제경호아카데미 주최 학교폭력추방 호신술대회(4일간)-월드태권도기사게재

2.14 백혈병어린이돕기 헌혈운동 참여(헌혈증서 250장 적십자사 기증)

2.20 국제경호협회 아산지부 설립(지부장 차민철)

3. 4 경호무술세미나 2회 개최(국제경호협회본부장, 지부장대상)

3.20 국제경호협회 구리지부 설립(지부장 김광기)

4.15 국제경호협회 강남본부 설립(본부장 석기영)

4.16 여성경호원 경호무술시범-월간 연합 5월호 기사게재

4.20 학원폭력상담실 사업운영 시행(콜센터 전국 23개 지부 참여)

6.17 주식회사 탐경 법인설립(국제경호시스템을 법인으로 전환 및 사명 변경)

6.24 서울경찰청 경호서비스 제73호 허가 최초

7. 8 국제경호협회 업무표장 등록(출원번호 제94-000055호)

7.22 국제경호협회 부산남구지부 설립(지부장 김창남)

8. 9 경호무술세미나(8.9~8.17 일본 고송싼타빌)무술신문 26일자 보도게재

9. 4 학원폭력 예방을 위한 경호무술지도(한국학원폭력예방운동재단)

9. 6 국제경호협회 전주지부 설립(지부장 봉필환)

9.15 경찰청 경호무술 지도(경찰청 직원, 청원경찰 등)

9.15 쌍용그룹 경호원 경호무술지도(마포구 쌍용연수원)

9.23 국제경호협회 인터넷 홈페이지 경호무술교실 개설(동 산업계 최초 ibga.co.kr)

10. 2 한국 특급호텔 안전관리실장협의회 교류 협정(12개 호텔)

11. 5 경호실무(경호무술) 개정 출판(등록 : 제10-1307호)

11.23 국제경호협회 강북본부 설립(본부장 손상철)

12.10 대학교 및 무술협회, 정부관계기관에 경호실무책 400여 권 기증

1997 1.15 국제경호협회 서비스표등록(출원번호 제94-008342호)

3. 6 충청대학교, 서일대학교육원, 한서대학교 교육원(경호학과) 등 경호무술 인증기관
     지정

4.23 KBS아카데미 경호원 양성과정 경호무술 인증기관 지정

6.20 경호원교육훈련 경호무술시범-범죄예방신문 기사게재

7. 1 국제경호아카데미 경호원 초급(3급) 양성과정 경호무술 인증

8.20   서울지방경찰청 수사과 창시자연행 대통령경호실법 위반 종로경찰서 수감 무혐의처리
       (위반 내용 관명사칭 죄 대통령경호실법 제5조 경호사 경호관을 경호원이라 칭한다.)

9.18   중화인민공화국 연길시공안국 보안전문대학 교육훈련 교류협정

11.14 경호학과 및 체육학과 경호실무책 500여 권 기증

1998 3. 1 비영리 경호무술단체발족(가칭 장명진경호무술)

      3.13 경호무술아카데미(현, 장명진경호무술지도자연수원) 개설

      4. 1 국제경호협회 경호자격제도(경호원, 경호사) 교과 및 자격검정시 경호무술을 전공무술 규정

      4. 7 매일경제 Hello Job 취업정보 및 교육훈련 교류협정

      6.26 자격증박람회 참가(테크노마트)

      9.18 사단법인 한국직능단체총연합회 가입(직능경제인지원에관한법률 법정법인 경제단체)

      10.18 경호무술-주간조선 11.5 일자 주간지 기사게재

      11.20 대한민국인명록 장명진 창시자 등재(경호무술 창시자 소개-각종 포털사이트 인물검색 제공)

      12.15 경호학과 및 체육학과, 무술협회, 경찰, 교도대, 군부대 경호실무책 400여 권 기증

1999 3.20 경호실무(경호무술) 개정 출판(등록 : 제10-1307호)

      7.16 종근당 경호원 위탁 경호무술지도(국제경호아카데미)

      7.20 경호무술 자격평가제도 신설

      7.20 경호무술 승단규정제도 신설

      8. 4 아르헨티나 국제시큐리티 세계본부 교류협력 협정

      9. 7 국제직업기술교육박람회 참가(무역센터)

      12. 3 (주)탐경 경비업법에의거 경비원신임교육위탁기관지정 경호무술교과 인증지정

2000 3. 2 경호무술단증 발급 시작(자격평가제도 실시)

      4. 6 장명진창시자 청와대 초청 방문(김대중 대통령 접견)

      5.10 경호무술지도자 자격 발급시작(자격평가제도 실시)

      7.12 선문대학교 국제경호무도학부 학생 경호무술 위탁교육실시(장명진경호무술원)

      10.01 국제경호협회 경호직무전공학과 대상 인증교육기관지정제도 시행을 위한 경호무술 교과 승인협약
            (2009년 현재 전국 41개 대학 경호직무전공학과에 경호무술 전공교과 인정 승인-승단&지도자자격)

      12. 3 경찰, 군부대, 경호학과 등 경호실무책 500권 기증

2001 1. 9 경호원 경호무술 시범단 시범-유행통신 2001. 2월호 보도게재

      4. 3 전국 30개 대학(교)(경호학과)에 경호실무 책 100권 기증

5.17　전국 6개 대학교 사회교육원(경호학과)경호실무 책 20권 기증

6.20　경호실무(경호무술) 개정 출판(ISBN : 89-8337-096-3)

7.14　선문대학교 국제경호무도학부 경호무술교과 채택(국제경호협회 인증교육기관 지정)

7.14　경북전문대학 경찰경호행정과 경호무술교과 채택(국제경호협회 인증교육기관 지정)

9.14　서남대학교 경호학과 경호무술교과 채택(국제경호협회 인증교육기관 지정)

9.20　경북외국어테크노대학 경호레포츠계열 경호무술교과 채택(국제경호협회 인증교육기관 지정)

10.06　인터넷 사이버강의 경호무술 유료 교육서비스 제공(ibga.co.kr)

10.23　서라벌대학 경호레프츠과 경호무술교과 채택(국제경호협회 인증교육기관 지정)

10.23　대구미래대학 경찰행정과 경호무술교과 채택(국제경호협회 인증교육기관 지정)

10.23　대구과학대학 경호과 경호무술교과 채택(국제경호협회 인증교육기관 지정)

10.26　부산정보대학 안전관리과 경호무술교과 채택(국제경호협회 인증교육기관 지정)

12.11　서해대학 경찰경호행정과 경호무술교과 채택(국제경호협회 인증교육기관 지정)

2002　1. 2　경호원이 수련하는 경호무술 시범 - 에꼴 월간지 1월호 기사게재

2. 1　초당대학교 경호비서학과 경호무술교과 채택(국제경호협회 인증교육기관 지정)

3.18　경북과학대학 경호경비경영학 경호무술교과 채택(국제경호협회 인증교육기관 지정)

4. 3　서해대학 경호무술 유단자 특례입학 산학협약 체결(본 사무국)

4. 6　2002한일월드컵 코리아서포터즈 공식후원단체 지정

4.15　국가정보원 직원 대상으로 경호무술 시범(경호무술원)

5.16　진주대학 사회체육경호안전과 경호무술교과 채택(국제경호협회 인증교육기관 지정)

6.26　성덕대학 경찰경호행정과 경호무술교과 채택(국제경호협회 인증교육기관 지정)

7.12　국제경호협회 정기학술세미나 참가 (서울리베라호텔 제우스홀)

7.12　제1회 경호무술세미나(리베라호텔) 개최(전국 경호, 경찰전공 교수 및 무예원로)

7.23　경동정보대학 경호과 경호무술 채택(국제경호협회 인증교육기관 지정)

8.23　영동대학교 경찰경호무도학과 경호무술 채택(국제경호협회 인증교육기관 지정)

8.31　제주관광대학 산학협약 체결(본 사무국)

9. 6　한세대학교 경찰행정학과 경호무술 채택(국제경호협회 인증교육기관 지정)

9. 6　제주관광대학 관광스포츠계열 경호무술 채택(국제경호협회 인증교육기관 지정)

10. 1　제5회 충주세계무술축제 경호무술 홍보 참가

10.10　아시아나항공 경호무술 책 기증

10.16　장명진경호무술 인터넷 홈페이지 회원 온라인 경호무술교실 개설

11.18　혜천대학 산학협약 체결(본 사무국)

11.28　혜천대학 경찰경호과 경호무술 채택(국제경호협회 인증교육기관 지정)

12.31　경호무술창시자 장명진회장님 공적 대통령표창 수상

2003　1. 7　대구미래대학 경찰행정과 경호무술 채택(국제경호협회 인증교육기관 지정)

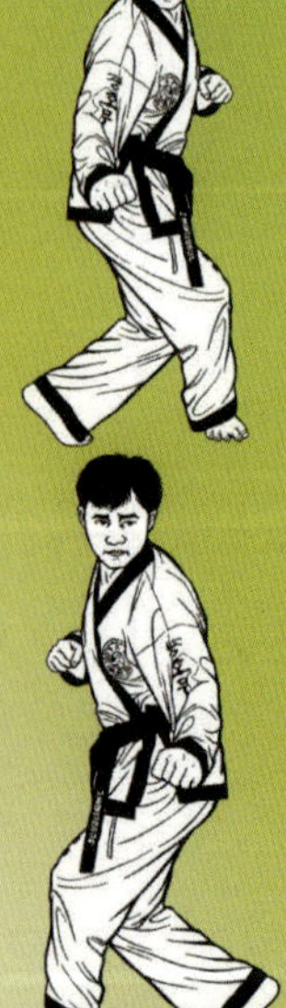

2.15 경호실무(경호무술개정) 개정 출판(ISBN : 89-8337-096-3)

3. 7 관악구청 청소년대상 경호무술세미나 개최

4.30 동강대학 법률경찰경호계열 경호무술 채택(국제경호협회 인증교육기관 지정)

5. 3 경호무술세미나 개최(무술지도자 8명)

6.25 6·25전쟁기념식 용산전쟁기념관 경호무술 시범

7.14 SBS위기탈출 수호천사 경호무술편 특별출연 방영(시범단 시범 및 지도)

8. 5 경호무술창시자 경호무술시범-세계일보 기사게재

8.10 경호무술 단행본 출판(ISBN : 89-954410-0-3, 저작권등록번호 : 제C-2005-000737-2호)

8.12 경호학과, 체육학과, 경찰, 경호경비회사 경호무술책, 경호실무책 400권 기증

8.30 제2회 국제경호협회 정기학술세미나(학술진흥재단 학술기관코드 : 8B2497) 경호무술 주제발표(서울리베라호텔 15층 피어니스홀)

9.11 ITV 충전100 건강을 잡아라! 경호무술 편 특별출연 방영(시범단 시범 및 지도)

9.18 부산방송국 직업의 세계 특별출연 경호무술 소개

9.21 경문대학 경호무술 인증기관 지정(단증 발급)

9.22 상반기, 하반기 2회 경호무술세미나 개최(무술관장 및 경호학과 교수대상)

9.24 삼성그룹 경호팀 경호무술 교육 (용인 금호연수원 1주일 집체교육 200명)

10. 1 취업교육 및 자격증 정보박람회 참가(코엑스)

10. 6 한·미 친선 사절단 미국 파견(한미동맹 50주년 참가)

10. 6 국립민속박물관 전통무예현황조사 경호무술 장명진 창시자 등재

10.11 통합 웹데이터베이스 NHN 업무협정(포털전문자료 경호무술공개제공)

11. 3 성화대학 비서경호과 경호무술 채택(국제경호협회 인증교육기관 지정)

12.30 대경대학 경찰행정부 경호무술 채택(국제경호협회 인증교육기관 지정)

2004 2. 7 경호실무(경호무술) 개정 출판(ISBN : 89-85272-95-0)

5.20 군장대학 경찰경호과 경호무술 채택(국제경호협회 인증교육기관 지정)

5.27 동의공업대학 경찰경호과 경호무술 채택(국제경호협회 인증교육기관 지정)

6.25 전북과학대학 경찰경호행정과 경호무술 채택(국제경호협회 인증교육기관 지정)

8.14 경호자격규정집(경호무술검정) 출판(ISBN : 89-954410-2-X, 저작권등록번호 : 제C-2005-000739호)

8.25 진주국제대학교 경찰복지행정학부 경호무술 채택(국제경호협회 인증교육기관 지정)

8.28 제3회 국제경호협회 정기학술세미나(학술기관코드 : 8B2497) 경호무술 2편 주제발표(프리마호텔 2층 에메랄드홀)

8.23 진주국제대학교 산학협약 체결

10. 1 제7회 충주세계무술축제 경호무술홍보 참가

10. 5 경호무술 2004 개정판(1704p) 출판(ISBN : 89-954410-1-1, 저작권등록번호 : 제C-2005-000738-2호)

10. 5 청주전국체전 경호무술홍보 참가

10.27 대전엑스포 세계태권도대회 경호무술홍보 참가

11. 5 전통무예세미나 '한국무예의 역사성과 인접학문' 참가(국립민속박물관 대강당)

11.24 전국대학교 대학도서관, 경호관련학과 및 교수 경호무술책 800여 권 증정

12. 6 육군 특수전사령부 경호무술책 증정(교육실장) 및 경호무술 채택 협의

12.17 경북과학대학 산학협약 체결

2005 1. 3 동부산대학 경호과 경호무술 채택(국제경호협회 인증교육기관 지정)

1.13 대통령경호실 경호무술 책 증정

2.11 KBS 세상의 아침 경호무술 시범단 시범 방영

2.17 두산동아백과사전 경호무술창시자 장명진, 정의, 기원, 어원등재

4.19 경동대학교 경호경찰학부 경호무술 채택(국제경호협회 인증교육기관 지정)

4.25 MBC 네 꿈을 펼쳐라 경호원양성과정 경호무술 교육훈련 지도 및 방영(5회 5주)

4.25 경호원자격검정 문제집(경호무술출제) 출판(ISBN : 89-954410-4-6, 저작권등록번호 : 제C-2006-003544호)

8.15 경호직무능력표준(경호무술표준안) 출판(ISBN : 89-954410-6-2, 저작권등록번호 : 제C-2006-003543호)

8.27 제4회 국제경호협회 정기학술세미나(리베라호텔 15층 피어니스홀) 경호무술주제발표

9.20 창신대학 경찰행정과 경호무술 채택(국제경호협회 인증교육기관 지정)

9.30 신성대학 경호무술전공 경호무술 채택(국제경호협회 인증교육기관 지정)

10. 1 제8회 충주세계무술축제 홍보 참가

10. 7 MBC 내 친구들의 세상 제402회 경호무술편 방영(경호무술 어린이 시범단 시범)

10.25 경일대학교 경찰경호학부 경호무술 채택(국제경호협회 인증교육기관 지정)

11.21 전국 도서관 및 청소년 문화시설 경호무술 책 500여 권 증정

11.24 EBS 직업탐구(경호원)자문 및 자료제공

11.27 KBS추적60분 자료제공 및 인터뷰

12. 1 대구산업정보대학 경찰행정과 경호무술 채택(국제경호협회 인증교육기관 지정)

12. 3 전국 경찰행정학생연합회 무술대회 후원

12. 3 국무총리실 국가재난관리본부 창시자 장명진회장님 자문위원 위촉

12. 7 대구산업정보대학 산학협약 체결

2006 2. 1 파스칼세계대백과사전 경호무술 및 창시자 장명진, 정의, 기원, 어원 등재

3.13 초당대학교 창시자 초청 경호무술 강의

4. 1 서강전문학교 경찰경호과 경호무술교과 채택(국제경호협회 인증교육기관 지정)

4.12 브리태니커백과사전 창시자 저술 경호무술 인용 경호무술 등재

4.27 우석대학교 경찰행정학과 경호무술 채택(국제경호협회 인증교육기관 지정)

5.17 대구미래대학 경호무술 교육

5.26 안동과학대학 경호경찰과 경호무술 채택(국제경호협회 인증교육기관 지정)

6. 2 (주)내일신문-대학내일 직업연구(경호원) 기사자료자문 및 자료 제공

7.13 전문직업탐구/소개(경호원)-수원지역 청소년문화의집

8.19 제5회 국제경호협회 정기학술세미나 (프리마호텔 10층 스카이홀)

8. 9 전문직업탐구/소개(경호원)-안성지역 고등학교

9. 1 서라벌대학 경찰복지행정과 경호무술교과 채택(국제경호협회 인증교육기관 지정)

11. 1 경호무술창시자 언론사 소개 및 시범-동아일보 월간신동아 기사게제

11. 2 대학특강-경호산업의 전망과 비젼특강/초당대학교

11. 7 국제방송 아리랑TV 경호원 직업소개 자문 및 자료제공, 인터뷰 협조

　　　 -한국고용직업분류 경호원 조사 원고 제공(한국산업인력공단)

　　　 -한국고용직업분류 경호원(분류코드 : 4440-2)재정 전문 등재

　　　 -한국표준직업분류 경호원 분류코드 포함하여 개정

11.13 문경대학 경찰경호무도과 경호무술 채택(국제경호협회 인증교육기관 지정)

11.24 한국고용정보원 경호원 조사(직업사전, 전망) 원고 제공(등재)

2007　1. 1 주요포털사이트제공(다음백과, 네이버백과, 야후백과, 엠파스백과, 네이트백과, 파란백과, 싸이월드백과 등) 백과사전에 경호무술 및 창시자 장명진 선생, 정의, 기원, 어원, 특징 등재

　　　 2. 6 국군기무사령부 868분견대 경호무술 책 기증 및 지도

　　　 2.12 국군정보사령부 경호무술 책 180권 기증 및 지도

　　　 2.27 경호무술창시자 장명진회장님 경호무술 공적 국무총리표창 수상

　　　 3.22 경호전문가(경호원)직무체계 시안 개발 참여

　　 10.10 제10회 충주세계무술축제 홍보 참가

　　 11.23 노동부 직업정보-직업탐색(워크넷) 경호원인터뷰 원고제공

　　 11.27 국방부지원(국방취업센타)직무체계 시안 개발-공통능력 자격제도 4개 종목 개발

　　 12. 2 경호자격규정집 연구출판 신설자격제도(23종) 경호무술 교과 및 검정체계 개발 참여

2008　1.14 무술협회 경호무술 책 300권 기증

　　　 3.12 한국고용정보원 직업전망 경호원 조사사업 원고 제공

　　　 4.28 위키 백과사전 경호무술 및 창시자 장명진, 정의, 기원, 어원, 특징 등재

　　　 5.13 육군수도방위사령부 경호무술시범 참관 교류-프라임경제 2008.5.13 보도

　　　 5.28 위키인물백과사전 장명진 창시자 소개(경호무술창시자소개-각종 포털사이트 인물백과 제공)

　　　 6.14 국무총리실 경호팀 경호무술 책 기증

　　　 6.23 현대그룹 경호팀 경호무술 교육(현대화재 본사 11층 대강당, 50명)

　　　 7.10 한국무예포럼 가입

　　　 7.21 위키 낱말사전 경호무술 낱말(정의, 어원), 로마자, 예일, 라이샤워 표기 등재

　　　 7.28 국제경호협회 자격기본법에의거 경호자격제도 국무총리실 산하 직업능력개발원 공식 등록(경호무술 검정체계)

　　　 8. 4 제1회 한국무예포럼 토론 참여(경호무술 책 50권 무료증정) 국회 헌정회관

8.11　사단법인 한국경호무술진흥회로 명칭 변경 및 비영리사단법인으로 전환

8.11　서울특별시 사단법인 설립허가(허가번호 : 제200812호)

8.20　이시종국회의원 주최 무예올림픽추진세미나 참여(국회의원회관-경호무술책 100권 무료증정)

8.29　무인 및 학계전문가 경호무술 책 500여 권 무료증정

9. 4　제2회 한국무예포럼 토론참가(경호무술책 50권 무료증정) 송파구민 회관

9.20　진흥회 경호무술창시자에게 있는 경호무술 권리를 공식적으로 위임받음(약정계약서-등부 제1546호)

10. 2　제11회 충주세계무술축제 경호무술 홍보참가(충주시)

10. 4　2008 충주세계무술축제 학술세미나 참가(경호무술책 50권 증정) 충주시청 대강당

10.25　제3회 한국무예포럼 창시자 경호무술주제발표(경호무술책 50권 증정) 송파구민회관

11. 2　2008전국경호무술세미나 4회 개최(전국지원장, 무술지도자 대상)

11.11　브라질 해외대표부 승인(브라질 대표부장 NUNES LUIZ CEZAR)

11.11　아르헨티나 해외대표부 승인(아르헨티나 대표부장 TAJES FRANCISCO OSCAR)
　　　　아르헨티나 북부지부 승인(북부지부장 HEEINZ JORGE ANIBAL)

11.13　러시아국영방송국 경호무술창시자 다큐멘터리제작 취재협조(러시아 전역에 방영)

11.16　문화체육관광부 초청 간담회참가 무예진흥법 시행안 토의(문광부 소회의실)

11.27　국방부초청 간담회 참가(경호무술지도자 양성 및 경호무술원 창업) 전쟁기념관

11.28　문화체육관광부 초청 간담회참가 무예진흥법 시행안 토의(문광부 대회의실)

12. 1　소년소녀 가장 경호무술무료교육 캠페인(전국지원 참여)

12. 1　영남이공대학 경찰경호행정과 경호무술 채택(국제경호협회 인증교육기관 지정)

12. 2　2008년 전국경호무술세미나 개최 중랑우체국 대강당(40명)

12. 4　전국 93개 인증교육기관 및 해외 2개국 국내 및 국제조직화 확대

12.18　초당대학교 산학협약 체결(진흥회 사무국)

12.30　공익성 지정기부금단체(기획재정부공고 제2008-157호)지정-(한국경호무술진흥회)

2009　1. 3　2009년 상반기 경호무술지도자 과정 연수교육실시(2009.1.3~2009.5.30)

　　　2.15　SBS 좋은아침플러스원 방송프로 경호무술 편 창시자 및 시범단 시범 방영

　　　3.20　MBC 스포츠매거진 스포츠팡팡 경호무술 편 창시자 지도 및 시범단 시범 방영

　　　4.29　국방부 전역(예정)간부 취업박람회(서울컨벤션) 참가 경호무술창업소개

　　　5. 4　2009년 국방부주최 취업박람회(서울컨벤션) 참가 경호무술창업소개

　　　5.23　2009년 상반기 경호무술지도자 과정 연수교육 수료(18명)

　　　6.15　태권도진흥재단 경호무술자료 태권도공원 전시용 기증(31종 110개)

　　　7. 1　전통무예원류적통자 모임 결성(진흥회 사무소)

　　　7. 3　육군57기동대대 창시자 초청 경호무술 강의(시범 및 지도)

　　　7. 5　인천광역시 청소년직업체험센터 경호무술 강의(시범 및 지도)

　　　7.18　2009년 하반기 경호무술지도자 과정 연수교육 실시(2009.7.18~2009.12.5)

　　　8. 1　전통무예단체조직정비방안 세미나 참가(토론 및 경호무술책 50권 무료증정)

8. 3 육군57보병사단 사단장으로 부터 감사패

8. 6 경호무술자격제도 자격기본법에 의거 국무총리실 산하 직업능력개발원 등록 제2009-0171호
(자격등록내용 : 경호무술 승단 자격 1단~9단 / 경호무술지도자 자격 1급, 2급, 3급)

8.28 이시종 국회의원 초청 전통무예원류적통자 간담회(외백)

10.20 전통무예원류적통자 정부현황조사팀 초청 간담회 참가(서울대학교)

11.10 우정사업본부 사보 경호무술 기사 게재(전국 15,000지점 배부)

11.11 네이버(naver.com) 경호무술 키워드 바로가기 한국경호무술진흥회 등록

11.21 전통무예단체조직정비방안 공청회 참가(슈페이러 본회의실)

11.25 네이트(nate.com) 경호무술 키워드 바로가기 한국경호무술진흥회 등록

11.27 2009 하반기 경호무술지도자 자격검정 시험시행

11.30 정부수탁연구용역(무예단체실태조사) 공청회 참가(올림픽파크텔)

12. 2 국방부 초청 간담회 참석(전쟁기념관)

12. 5 2009 하반기 경호무술지도자 과정 연수교육 수료(7명)

12. 7 전통무예원류적통자 국회 전통무예진흥법 개정안 제안서 제출

12.11 노동부 고용지원센터 경호무술 기사 소개

2010 1. 5 세계일보 최선의 방어가 최선의 공격 "경호무술" 기사 전면게재

2. 6 경호무술지도자 보수교육실시(중앙연수원)

2. 9 문화체육관광부 전통무예진흥법 기본계획 수립안 건의

3. 3 전통무예원류적통자 정부 전통무예진흥 기본계획 수립 현황과제 자문토의
(정부담당, 정부용역 연구진-체육과학연구원)

3. 6 경호무술지도자 보수교육실시(중앙연수원)

3. 8 전통무예진흥법 일부개정법률(안) 제출건의(전통무예원류적통자 지정 및 지원)

4. 3 지도자 보수교육실시(중앙연수원)

4.21 전통무예원류적통자 국회 문화체육관광방송통신위원회 고흥길위원장 면담

4.23 경호무술 시범공연(인터컨티넨털호텔 그랜드홀)

4.28 국방부 전역간부 취업박람회 참가(서울무역센터)

5 1 지도자 보수교육실시(중앙연수원)

5. 7 경호직무능력표준 시안 연구개발 경호무술 및 경호무술지도자 표준체계 개발 참여

6. 5 경호무술지도자 보수교육실시(중앙연수원)

6.28 국무총리실, 지식재산기본법 공청회 참가 대정부제안(사학연금회관)

7. 3 경호무술지도자 보수교육실시(중앙연수원)

7.18 경호무술지도자 직업체험 개최(중앙연수원)

8. 7 경호무술지도자 보수교육실시(중앙연수원)

9. 4 경호무술지도자 보수교육실시(중앙연수원)

9. 7 전통무예원류적통자 명칭 위키 백과사전 등재

9.14 국회 문화체육관광방송통신위원회 정병국위원장 외 소속의원 12명 개정법안(전통 무예원류적통자 지정제도 신설) 제정요청 방문

10. 2 경호무술지도자 보수교육실시(중앙연수원)

10. 4 한국산업교육원 경호무술 강의지원

10.12 전통무예원류적통자 무진법 기본계획 건의안 문화체육관광부 방문 제출

10.24 한국체육과학원 방문 무진법 담당 연구원 성문정박사 전통무예원류적통자 정책 건의사항 전달

10.24 서울 송곡정보산업고등학교 대강당 20명 경호무술시범공연

10.29 국회 방문 한나라당 문화예술특위 정두언위원장 김수철 특보 무진법 전통무예원 류적통자 지정 제 신설 개정법률안 국회통과 협조요청

11. 1 부산광역시 기장지회 승인(지회장 장웅진)

11. 6 경호무술지도자 보수교육실시(중앙연수원)

11.24 교육부, 고용노동부가 주최하고 고용정보원이 주관하는 취업진로박람회 참가 및 경호무술시범공연(3일간)

12. 4 경호무술지도자 보수교육실시(중앙연수원)

12. 29 문화체육관광부 주최 전통무예진흥법 기본계획수립 토론회 참가(올림픽파크텔)

2011 1. 8 경호무술세미나 개최(전국지원장 대상 무진법 기본계획 설명회)

1. 8 경호무술지도자 보수교육실시(중앙연수원)

1.12 MBC 표준 FM(95.9MHz) "아이러브스포츠" 경호무술 소개

1.15 경호실무 1권~3권(1167page) 출판(개정7권)-한국학술정보(주)

2.12 경호무술지도자 보수교육실시(중앙연수원)

3. 5 경호무술지도자 보수교육실시(중앙연수원)

3.11 전통무예원류적통자 무진법개정안(전통무예원류적통자 지정제 신설) 국회통화 요청서 전달(국회문화체육관광방송통신위원회 간사 김재윤 의원, 위원 전성호 의원)

3.23 전통무예원류적통자 무진법 정부담당 실무자 미팅(정책건의서 전달-문화체육관 광부 체육진흥과)

4. 2 경호무술지도자 보수교육실시(중앙연수원)

4.13 국방부 2011 전역(예정)간부 취업박람회 참가(서울무역센터)

7.15 경호무술 1권~9권 출판(개정7권)-한국학술정보(주)

6. 창시자 연구 활동

저술

1986 4.16 경호무술, 경호실무 연구시작

1992 2.16 경호무술, 경호실무 교안 완성

1994 11.17 경호실무(경호학)저술(국제경호아카데미출판사, 328page)

1996 11. 5 경호실무 저술 개정2권(법연출판사, 493page)

1999 3.20 경호실무 저술 개정3권(법연출판사, 537page)

2001 2.20 경호실무 저술 개정4권(법연출판사, 625page)

2003 2.15 경호실무 저술 개정5권(법연출판사, 741page)

2003 9.13 경호무술(단행본)저술 (국제경호아카데미출판사, 505page)

2004 2. 7 경호실무 저술 개정6권(청호출판사, 749page)

2004 8.18 경호자격제도규정집 저술(국제경호아카데미출판사, 273page)

2004 10. 5 경호무술 저술 개정2권(국제경호아카데미출판사, 1704page)

2005 4.25 경호원자격검정 문제집 저술(국제경호아카데미출판사, 180page)

2005 8.26 경호직무능력표준 저술(국제경호아카데미출판사, 483page)

2011 1.15 경호실무 저술 개정7권(한국학술정보(주), 1권~3권, 1167page)

2011 7.15 경호무술 저술 개정3권(한국학술정보(주), 1권~9권, 2800page)

연구논문

1996 경호산업에 대한 실태 조사-동국대학교 행정대학원

1997 경호산업의 문제분석과 육성책-한국안전교육학회

2001 경비업법에 포함하는 민간경호원 자격증 도입활용 방안연구-국제경호협회학회

2003 경호직무분야의 전문화를 위한 자격제도와 그 방안에 따른 국제경호협회 경호 자격제
     도의 분석 및 국가공인 도입의 필요성-국제경호협회학회

2003 치안환경에서 요구되는 격기무술과 현대적 무술발달 과정의 생활 경호무술연구-국제
     경호협회학회

2004 경호자격 국가공인 및 관련내용에 대한 정부지원 국제경호협회 중심으로 연구-국제경
     호협회학회

2005 경호직무능력표준에 관한연구 및 활용방안-국제경호협회학회

2006 경호산업을 위한 정부지원정책 및 효과연구 경호자격제도를 중심으로-국제경호협회
     학회

2008 경호무술 전통무예진흥법에 의한 지정-한국무예포럼

2008 경호무술세미나집-한국경호무술진흥회

7. 창시자 설립단체 및 과정

1992 2.16 국제경호협회 설립

(경호원들의 친목 및 권익을 위한)

1992 3.21 국제경호아카데미 설립

(경호무술교육서비스, 경호교육서비스, 경호서비스를 위한)

1994 4.15 국제경호시스템 신설

(경호서비스만을 전문으로 하기 위하여 국제경호아카데미로부터 분사)

1996 6.27 주식회사 탐경

(국제경호시스템을 상호변경 및 법인전환-신변보호법률 제정에 의한 허가제도
시행에 따라)

1998 3. 1 장명진경호무술 신설

(비영리단체설립-자격검증 및 인증제도 시행을 위한)

1998 3.13 장명진경호무술원 신설

(국제경호아카데미 상표신설-경호무술프랜차이즈사업 시행을 준비)

2002 9.   시큐리티잡114 설립

(주식회사 탐경에서 온라인 사업부 분사)

2008 8. 11 사단법인 한국경호무술진흥회 설립

(장명진경호무술을 명칭변경과 법인전환-대외 위상 제고)

8. 창시자 유관기관 활동

1996	사단법인한국경비협회 신변보호분과	운영위원
1996	한서대학교 사회교육원 비서경호학과	강사(경호무술/경호실무)
1996	사단법인한국경호경비학회	운영위원
1996	중국연길시 공안국 보안전문대학	명예교수
1996	한국시큐리티산업경영학회	운영위원
1997	KBS아카데미	강사(경호무술/경호실무)
1997	서일대학교 사회교육원 경호학과	강사(경호무술/경호실무)
1997	사단법인한국경비학회	부회장
1997	사단법인철인3종경기본부	이사
1998	사단법인한국직능단체총연합회	상임부회장
1998	월간보디가드	편집위원
1999	한국안전교육학회	이사
1999	선문대학교 무도학과	외래교수(경호무술/경호실무)
1999	충청대학 태권도학과	강사(경호무술/경호실무)
2000	고려대학교 사범대학원(석사과정)	강사(경호무술)
2000	대구미래대학 경찰행정과	강사(경호무술/경호실무)
2001	제10기 민주평화통일자문위원회	자문위원
2002	UN평화지도자연합회	이사
2003	국립경찰대학 수사보안연수소	외래강사(경호무술/경호전략)
2008	경찰청수사연수원	강사(경호무술)
2004	한국협상학회	회원
2005	국무총리실 국가재난관리본부	자문위원
2006	초당대학교 경호비서학과	겸임교수(경호무술/경호실무)
2008	한국무예포럼	회원
2009	전통무예원류적통자모임	간사
2009	한국표준협회	자문위원
2010	한국산업교육원	강사

9. 경호무술과 창시자 백과사전 등재문

2005 2.17 두산대백과사전(엔사이버) 창시자와 경호무술 사전 등재

2005 4. 2 네이버 백과사전 창시자와 경호무술 사전 등재

2006 2. 1 파스칼 세계대백과사전 창시자와 경호무술 사전 등재

2006 2.12 야후 백과사전 창시자와 경호무술 사전 등재

2006 3. 3 파란 백과사전 창시자와 경호무술 사전 등재

2006 4. 12 브리태니커 백과사전 경호무술 사전 등재(창시자 저술 경호무술책전문 인용)

2006 5. 6 다음 백과사전 창시자와 경호무술 사전 등재

2008 4.28 위키 백과사전 창시자와 경호무술 사전 등재

2008 5. 3 네이트 백과사전 창시자와 경호무술 사전 등재

2008 5.28 위키 인물백과사전 창시자 사전 등재

2008 7.21 위키 백과사전 낱말사전 경호무술 등재

2009 11.11 네이버, 네이트에서 한국경호무술진흥회 키워드 바로가기 등재

2010 9. 7 위키 백과사전 전통무예원류적통자명칭 사전 등재

10. 창시자 인터넷 홈페이지 구축

1996　6. 7 국제경호아카데미(홈페이지 http://www.ibga.co.kr)

1998　2.10 주식회사 탐경(홈페이지 http://www.tamkyung.co.kr)

2002　7.10 장명진경호무술원(홈페이지 http://www.jmjmoosul.co.kr)

2002　10. 1 시큐리티잡114(홈페이지 htpp://www.securityjob114.co.kr)

2008　8.30 사단법인 한국경호무술진흥회로 변경(홈페이지 http://www.jmjmoosul.co.kr)

※ 개설된 홈페이지 현 운영 중

Ⅰ 호위호신술법 체계(體系)

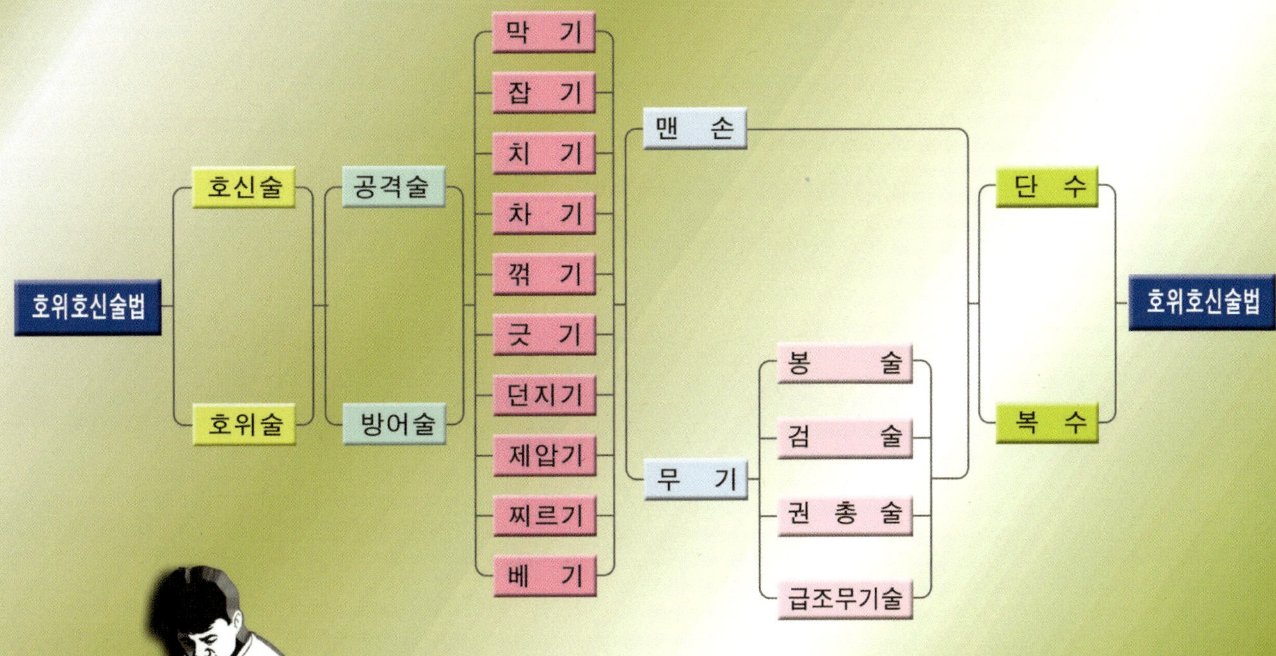

<< 호위호신술법 >>

공격자가 수족 및 무기등을 이용 경호대상에 대하여 신체 및 생명을 위협하려는 순간 치기, 차기, 꺾기, 던지기, 긋기 또는 무기등을 이용 상대를 제압 무력화 시켜 자신을 포함하여 경호대상을 보호하는 호위호신술 체계이다.

<< 호위호신술법의 종류 >>

1. 막기법
2. 치기법
3. 차기법
4. 잡기법
5. 꺾기법
6. 긋기법
7. 던지기법
8. 제압법
9. 제압해제술법
10. 무기제압방어술법
11. 급조무기제압방어술법
12. 호위술법
13. 호위해제술법
14. 응용호위호신술법

호위호신술법 수련단계 TRAINING STEP

- 호신술기초기술자세
  - 맨 손
    - 잡 기
    - 치 기
    - 차 기
    - 꺾 기
    - 던지기
    - 막 기
    - 무기막기
  - 무기공격법
    - 봉 공 격
      - 단 봉
      - 중 봉
      - 장 봉
    - 칼(검)공격
      - 단 검
      - 중 검
      - 장 검
    - 총 공 격
      - 탈취법
      - 치 기
      - 차 기
- 제 압 술
  - 머리, 목제압
  - 손 팔제압
  - 다 리제압
  - 몸 통제압
  - 혼 용제압
- 호신술기본15수
- 수 족 공 격 시
  - 잡 혔 을 때
    - 일수로 잡혔을 때
    - 양수로 잡혔을 때
    - 안겨서 잡혔을 때
    - 앉아서 잡혔을 때
    - 누워서 잡혔을 때
    - 엎어져서 잡혔을 때
    - 업어치려 할 때
  - 치려할 때
  - 차려할 때

- 무기공격시
  - 봉공격시
  - 검(칼)공격시
  - 총공격시
- 제압해제술
  - 기초해제술
  - 수팔기초해제술
- 호위호신술
  - 경호대상을 잡고 있을 때
  - 경호대상을 수팔로 치려할 때
  - 경호대상을 발로 차려할 때
  - 경호대상을 검(칼)로 공격할 때
  - 경호대상을 봉으로 공격할 때
  - 경호대상을 권,소(총)으로 공격할 때
  - 경호대상을 투척물로 공격할 때
  - 경호대상을 제압하고 있을 때
- 팀웍호위술
  - 호위호신술
    - 보행시
    - 회의시
    - 차량경호시
- 급조무기공격술
  - 급조무기
  - 공격기술

59

호위호신술법 의의   MEANING

호위호신술이란 상대의 손, 발 또는 각종 무기에 의한 공격시 경호대상과 자신의 신체 및 생명을 보호하는 여러 형태의 방어기술을 말하며 하나 하나의 호위호신술기가 프로그램 되어 있어 경호대상을 보호하기 위한 필요 술기가 상황에 따라 자동으로 이루어지도록 한 것이다. 즉 경호환경에서 경호하는 자신들이 경호대상과 자신의 안전을 지켜줄 수 있는 호위호신술은 위기에 안전을 보장해 줄 것이다.

따라서, 경호환경에 적합한 경호무술의 호위호신술에 대하여 기본기와 응용술 등을 충분히 배워 익혀 수련하도록 노력한다.

공격제압 7가지 술기

구분	술 기	내 용
1	치기법	손을 이용하여 힘의 중심을 손에 두어 가격하는 치기법
2	차기법	발을 이용하여 힘의 중심을 발에 두어 가격하는 치기법
3	꺾기법	상대의 관절의 약점을 찾아 공격하는 꺾기법
4	긋기법	손톱이나 손끝부분을 이용하여 노출된 신체의 약점을 공격하는 긋기법
5	제압법	상대의 신체의 급소 또는 관절에 체중을 실어 누르거나 쳐 제압하는 방법
6	던지기법	상대의 사지 또는 몸통, 목 등을 감아 던지는 방법
7	무기법	사용가능한 무기를 이용. 찌르기법, 베기법, 치기법, 꺾기법, 제압법, 던지기법을 응용하는 방법

호위호신술 실무

호위호신술은 경호대상이 공격자에 의하여 공격당하지 않도록 안전거리를 반드시 유지해야 하며, 안전거리 미 확보시에는 경호대상과 공격자 사이에 반드시 자신이 위치하여 공격기회를 차단해야 한다.

또한 공격에 있어 물리적 적용이 있을 때에는 작용직전 또는 직후 경호하는 사람이 저지 또는 방어 해지시켜 경호대상의 안전이 더 이상 위협받지 않도록 한다.

호위호신술의 원리

호위호신술의 원리는 자신에게 공격하는 상대에게 반응하는 속도보다 경호대상의 공격에 반응하는 속도가 늦을 수밖에 없다. 따라서 이 점을 최대한 보완하여 안전을 확보해야만 호위호신술이라 할 수 있다. 이러한 점을 보완하기 위한 원리로 경호대상과 일체감을 이룰 수 있는 스텝과 리듬감을 예를 들어 찾을 수 있다. 경호대상은 경호하는 사람과는 달리 일반적으로 경호무술에 대한 전문성도 없기 때문에 경호하는 사람이 경호대상의 움직임을 리드하여 공격자의 공격유형에 순간 적응토록 하여 안전을 확보하도록 하는 원리이다. 어떤 것이든 한번도 하지 않은 생소한 것에 대한 체험이라도 누군가의 도움으로 움직이게 되면 순간이나마 평소에 잘 훈련된 것처럼 할 수 있는 경우가 있다. 바로 이런 원리를 이용할 것이다.

① **수족 호위호신술**

손과 발로 치고, 차고, 꺾고, 던지는 기술은 상대방을 제압하는데 매우 중요한 수단이 되며, 특히 잘 훈련된 경우에는 무기사용과 같은 효과를 발휘할 수도 있는 기술이다.

② **무기 호위호신술**

각종 무기를 이용한 호위호신술은 상대방을 제압하는데 매우 효과적이다. 특히 상대방이 칼이나 각목 또는 총기류와 같은 무기를 소지하여 공격하거나 상대가 다수인 경우에는 무기사용이 더욱 절실해진다. 따라서 이 같은 예상 상황에 대비하여 경호호신장비 등을 이용하는 기술이 상대방의 공격으로부터 자신과 경호대상을 안전하게 지킬 수 있다.

③ **몸통 호위호신술**

호위 몸통 방어는 경호대상을 경호하는 사람의 몸통으로 인벽 형태를 취하여 보호하는 기술로 수족이나, 칼공격시 또는 총, 폭탄공격시에 대비한 호위 몸통 방어 기술이다.

④ **호위호신 피난술**

경호대상에 대한 여러 형태의 위해 환경에서 인위적 또는 자연적 은폐 및 엄폐물을 최대한 이용 안전지대로 피난하는 것으로 위해자의 시간적, 공간적 또는 공격수단의 유효사정 거리로부터 안전을 최단시간 내에 확보하는 긴급 피난 조치술이다.

공격유형에 의한 호위호신술

① 경호대상자의 신체를 잡으려 할 때
- 가벼운 신체 터치를 통한 방어 의지를 보인 후 경호대상을 자신의 등 뒤쪽으로 돌려 가로막는다.

② 경호대상이 상대에게 잡혀 있을 때
- 수족 또는 신체 및 의복이 상대방에 의하여 잡혀있을 때에는 신체 및 의복에 가능한 손상이 가지 않도록 상대방의 잡은 손을 우선 제거할 수 있도록 산발적인 공격보다는 꼭 필요한 공격점을 정권 등으로 가격하여 경호대상이 상대로부터 잡혀있었던 신체부위를 자유롭게 할 수 있도록 한다.
- 경호대상의 안전을 고려하여 섣부른 공격은 자제하도록 한다.
- 경호대상을 잡고 있는 상대의 집중력을 흐리게 할 수 있는 기만술을 이용하고 이때 노출된 틈을 이용, 경호대상의 안전을 확보하도록 한다.

③ 손날 또는 주먹 등으로 공격시
- 공격자의 공격의지가 표출된 상황이기 때문에, 경호원은 반사적으로 상대방의 신체급소점 또는 골격의 약점 등을 노려 과감하고, 신속한 동작으로 가격하여 제압한다.

④ 발차기 형태의 공격시
- 발차기 형태의 공격은 매우 위험한 것으로 일단은 공격보다는 피하는 동작을 취하여 우선 위기를 모면한 후 상응하는 발차기로 상대의 급소점을 역습하여 제압한다.

⑤ 봉 이용한 공격시
- 근접거리를 피하고 가능한 공격반경 밖으로 피한다. 이 같은 무기 공격시에는 내려치는 순간이 역습하기 좋은 기회로 공격 순간을 놓치지 않도록 한다.
- 무기가 큰 것일수록 동작이 느리고, 바깥쪽보다 안쪽의 힘이 약하기 때문에 가능한 상대방에게 과감하게 접근하는 것이 유리하다.

⑥ 도검류에 의한 공격시
- 도검류의 공격은 살상 가능성이 매우 큰 것으로, 단 한번의 약점도 보여서는 안된다. 즉, 도검류의 공격시에는 단 한수로 제압할 수 있어야 한다.

⑦ **권총 등의 무기에 의한 공격시**

권총과 같은 총 무기류를 이용한, 공격시에는 선제공격을 할 수 있는 기회를 주지 않도록 하고, 자신이 선제공격을 통한 방어로 안전을 확보해야 한다. 이때 자신이 선제공격에 실패했을 때에는 경호대상의 안전을 위해 인벽을 형성, 보호 유지한 다음 공격자에 대한 사격을 취한다.

- 상대방에게 대응할 수 있는 권총이 없을 때에는, 근거리 위치시 무기 사용전 선재공격을 통한 제압을 원칙으로 한다. 단, 원거리 위치시에는 엄폐물을 이용 대피한다.
- 권총과 같은 대응할만한 무기가 있을 때에는 주저 없이 사용하여 상대를 제압하도록 한다.

⑧ **폭발물에 의한 공격시**

폭발물에 의한 공격시에는 폭탄의 위치와 설치된 높이, 위력 등을 순간 판단하여 조치하는 것이 좋다. 투척 폭탄이라면, 발로 차 멀리하거나, 손으로 주워 던지는 등의 조치를 취하고, 그럴 시간적 여유가 없을 때에는, 경호대상을 호위낙법 등으로 경호대상을 지면에 낮게 착지시켜 폭탄의 파편 비산에 의한 위험으로부터 보호한다.

⑨ **다수의 상대가 동시 공격시(제압에 자신 있을때)**

- 2인 이상이 연합하여 공격할 때에는 포위되는 일이 없도록 벽면과 같은 시설 또는 지형 등을 이용하고, 자신의 뒤쪽에 상대가 분산되어 있지 않도록 주의한다.
- 가능한 상대보다 지형적으로 높은 쪽에 위치하도록 한다.
- 체력 등이 강한 자보다 약한 자를 주 공격대상으로 삼고, 강한 자로 보이는 상대는 주방어 대상으로 삼고 대응하도록 한다.
- 무기를 가진 자는 주방어 대상으로 삼고, 무기가 없는 자를 주공격 대상으로 삼아 집중 공격한다.

⑩ **다수의 상대가 동시 공격시(제압 역부족시)**

- 가급적 포위되기 전에 현장으로부터 탈출한다. 기회는 초기에만 있으므로 기회를 놓치지 않도록 주의를 한다.
- 탈출기회를 놓쳐 포위되었을 때에는, 약한 쪽으로 과감하게 공격 포위선을 뚫어 탈출한다.
- 포위선으로부터 탈출이 불가능 시에는 주위에서 급조할 수 있는 이용 가능 한 무기를 습득하여 대응한다.

1. 호신기초기술자세

1) 맨 손

< 상대 제압기술 종류 >

해제술

해제술이란 상대방이 자신의 신체일부 또는 전부를 못 움직이도록 잡거나 꺽거나 조르거나 제압된 상황에서 신체의 일부 또는 전부가 완전하게 자유로운 상태로 회복되도록 만드는 기술로서. 모든 호신술은 해제술이 이루어진 다음 이루어 진다. 해제술은 13개 기본술로 이루어져 있으며. 일수 손목 잡혔을때 일수 양수로 잡혔을 때 (위.아래)해제술로 응용할수 있으며. 팔 어깨 목 몸통 다리 무기해제술등으로 수련해 나간다.

기본해제술 1번

잡힌손을 허리쪽으로 당기는 동시에 오른발을 상대방의 오른발 바깥쪽 측면으로 내 딛고 상체와 무릎을 구부려 자세를 낮추는 동시에 오른발 방향으로 하 전방 아래로 손팔을 내측으로 돌려 뺀다.

Explanation

기본기를 익힌후에는 기본해제술 13수를 혼용해 복수로 수련해 나간다.
다음으로는 또 다시 자세를 조금 바꾸어 혼용해 수련해 나가고 그 다음으로는 기본과 혼용을 이용해 치기나 특기술을 결합해 수련해 나가도록 한다.

경호무술 · GUARD MILITARY

기본해제술 2번

Start

Explanation

잡힌 손을 자신의 허리쪽으로 당기는 동시에 왼발을 앞으로 내 딛고 잡힌손을 상대방의 왼발 측면아래 무릎뒤쪽으로 사진과 같이 힘차게 팔을 비틀어 대각 전하방으로 뻗는다.

기본해제술 3번

Start

Explanation

잡힌손을 자신의 가슴쪽으로 당기는 동시에 오른발을 앞으로 내 딛고 잡힌손을 수평 곡선
으로 자신의 왼쪽 어깨위로 사진과 같이 돌려 뺀다.

기본해제술 4번

Start

Explanation

왼발을 상대방의 왼발 앞으로 대각으로 내딛는 동시에 잡힌손을 어깨 높이로 당기고 수
평곡선으로 오른쪽으로 사진과 같이 힘차게 뻗어 돌려 뺀다.

69

기본해제술 5번

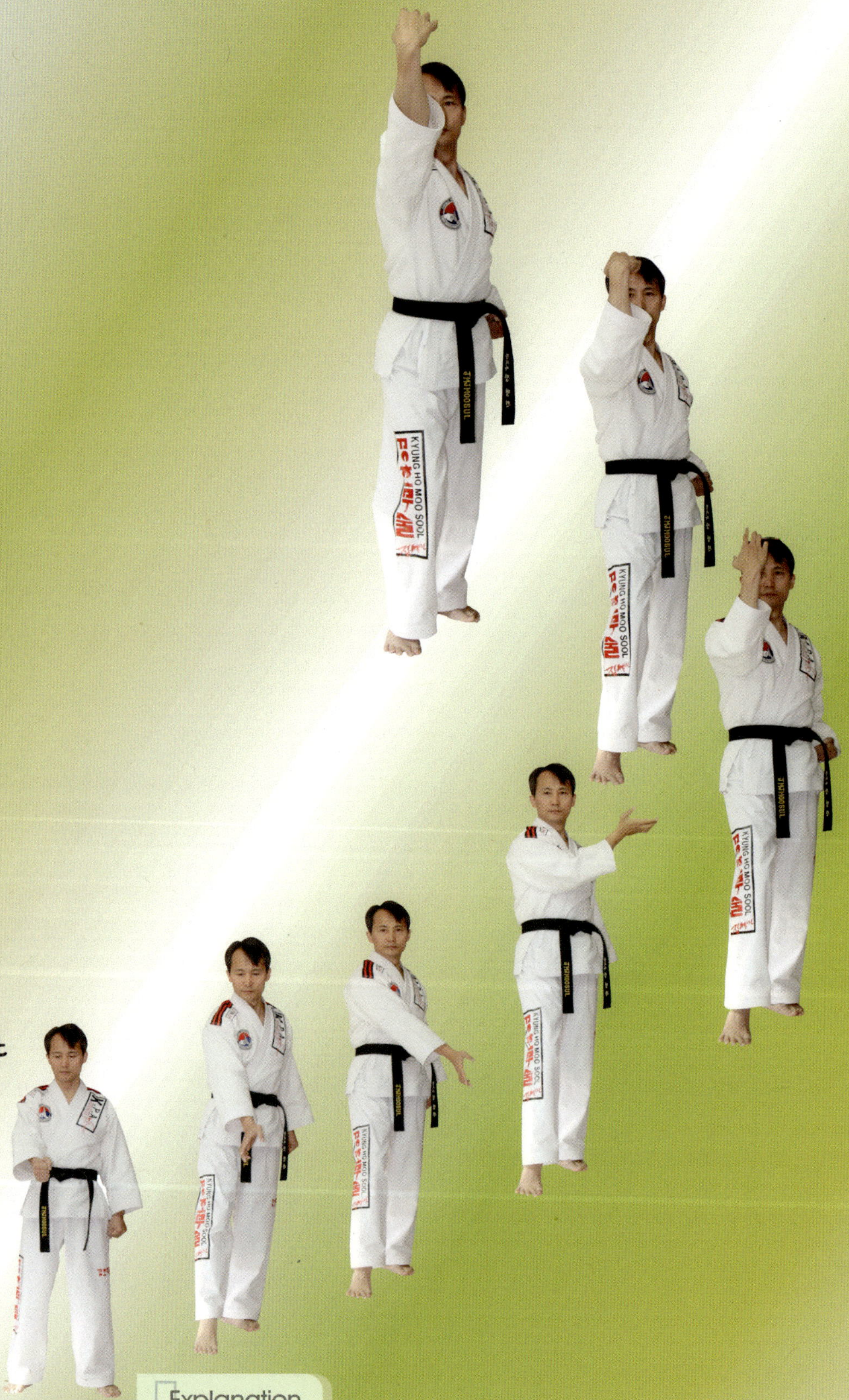

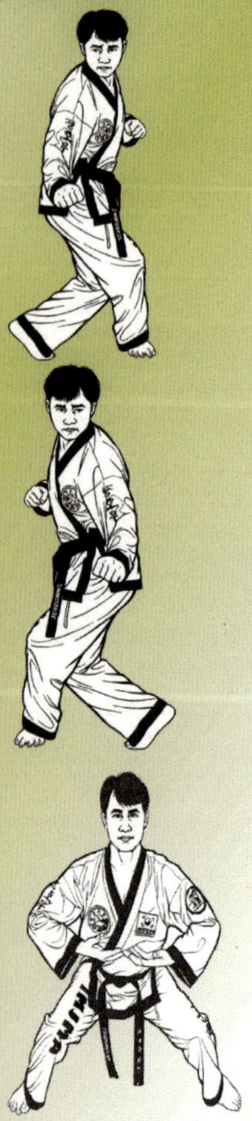

Explanation

오른발을 앞으로 내 딛는 동시에 잡힌손을 사진과 같이 돌려 손등이 앞으로 보이도록 아래위로 곡선을 살려 머리위로 올린다음 다시 수직으로 얼굴높이까지 내리면서 대각수평위로 힘차게 팔을 뻗어 뺀다.

기본해제술 6번

Start

Explanation

오른발을 앞으로 내 딛는 동시에 왼발을 뒤로돌리고 이때 잡힌손을 허리쪽으로 당기면서
상대방을 등지면서 무릎과 허리를 구부려 상체를 숙이고 잡힌손을 전하방으로 힘차게
손목팔을 내측으로 비틀어 뺀다.

기본해제술 7번

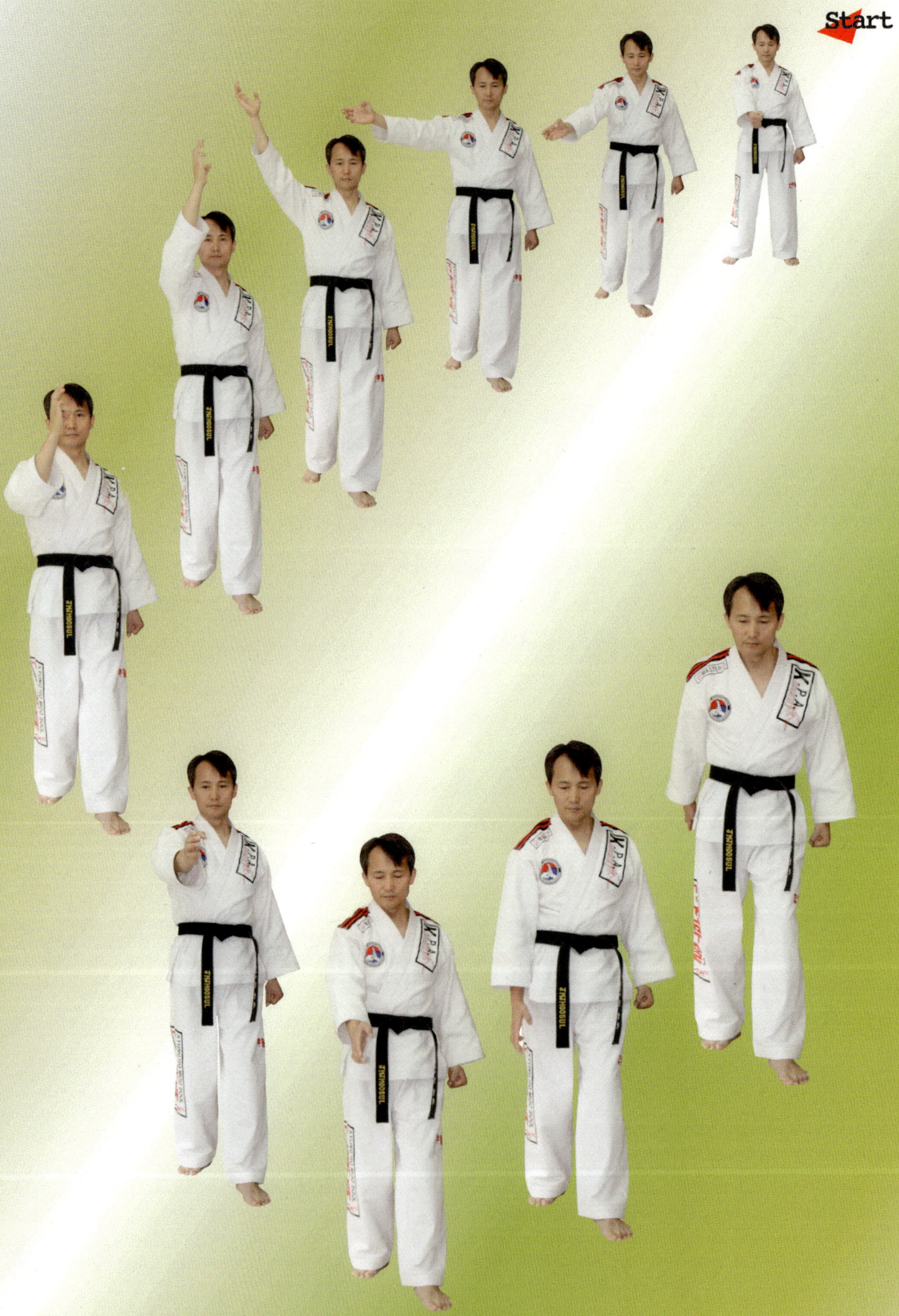

Start

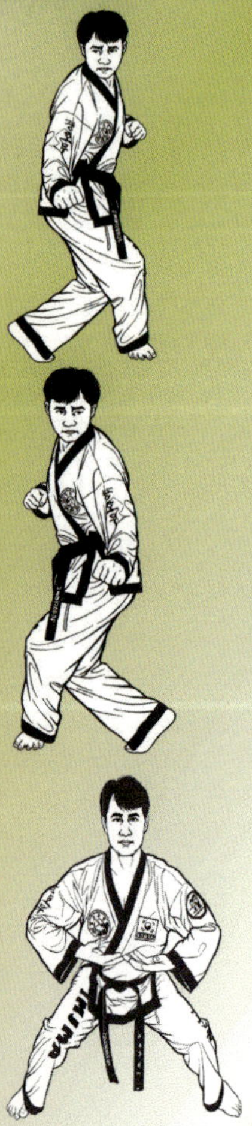

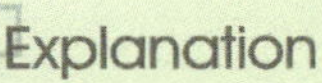

오른발을 뒤로 빼는 동시에 잡힌손을 아래위로 곡선을 살려 밖으로 사진과 같이 큰 원으로 돌려
머리위로 들어올린 다음 수직으로 허리 밑으로 곡선을 살려 뒤로 힘차게 당겨뺀다.
이때 무릎을 구부려 상체를 낮추는 동시에 상체를 앞으로 숙이면서 자세를 잡는다.

기본해제술 8번

Start

Explanation

왼발을 옆으로 약간 벌리는 동시에 왼손을 삼각수도 자세를 살려 옆으로 들어올렸다가 무릎과
상체를 동시에 구부리면서 손목을 잡은 상대방의 손목 내측을 곡선을 살려 수평으로 강하게 친다.
이때 동시에 잡힌 손목을 하방수직으로 힘차게 뻗어 뺀다. 이때 팔을 안으로 비틀어 돌린다.

기본해제술 9번

Start

Explanation

오른발을 앞으로 내 딛는 동시에 오른손을 배정권 자세로 돌린다. 이때 왼손을 삼각 배수도 자세를 취하여
잡힌 손목과 상대방의 잡은 손 사이에 밀착시키고 배정권자세를 세수도 자세로 바꾸어 지랫대 원리를 이용
하듯이 들어올려 틀면서 전하방 대각으로 힘차게 팔을 뻗어 뺀다.

기본해제술 10번

■ Explanation

오른발을 상대방 오른발 앞쪽 대각으로 내 딛는 동시에 왼손을 잡힌 손 밑으로 향하도록 악수하듯이 맞잡는 동시에 왼발을 반뒤전환을 하면서 맞잡은 손과 팔을 수평 대각 상 방향으로 큰 원을 그리면서 힘차게 뺀다. 이때 잡힌손 손등이 위로 보이도록 수평을 유지시킨다.

Explanation

오른발을 상대방 오른발 앞쪽 대각으로 내 딛는 동시에 왼손을 잡힌 손 dnlfh로 향하도록 악수 하듯이 맞잡는 동시에 왼발을 반뒤전환을 하면서 맞잡은 손과 팔을 수평 대각 하 방향으로 큰 원을 그리면서 힘차게 뺀다.이때 잡힌손 손등이 아래로 향하도록 수평을 유지시킨다.

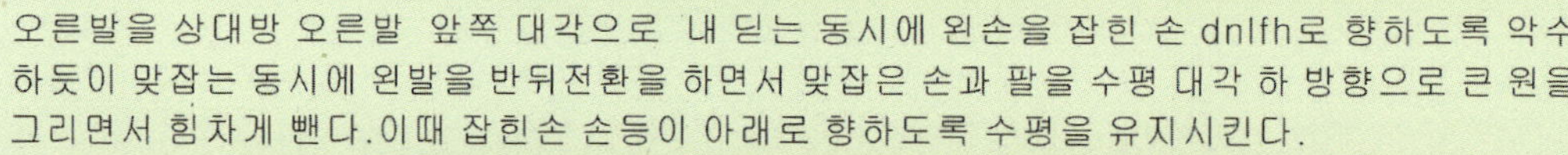

기본해제술 12번

Start

Explanation

오른발을 상대방 오른발 앞쪽 대각으로 내 딛는 동시에 왼손 손가락을 벌려 잡힌 손과 깍지를
껴 맞잡는 동시에 왼발을 반 뒤전환을 하면서 깍지낀 손과 팔을 수평 대각 상 방향으로 큰 원을
그리면서 힘차게 뺀다.

기본해제술 13번

Explanation

오른발을 상대방 앞쪽으로 내 딛는 동시에 왼손을 잡힌 손과 악수하듯이 맞잡는 동시에 가슴 쪽으로 들어올려 당겼다가 상체를 앞으로 중심이동하면서 두팔을 전 상방 앞으로 힘차게 뻗어 뺀다.

78

1) 2번에 3번

2) 3번에 5번

3) 4번에 6번

4) 5번에 7번

Start

5) 6번에 8번

Start

양수해제술

양수해제술 1번

Start

양수해제술 2번

Start

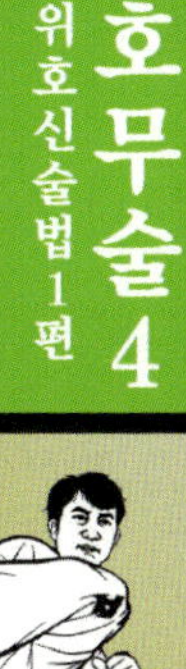

양수해제술 3번

양수해제술 4번

Start

양수해제술 5번

양수해제술 6번

Start

양수해제술 7번

양수해제술 8번

Start

Start

Start

양수해제술 12번

95

양수해제술 13번

양수해제술혼용 1번

양수해제술혼용 2번

양수해제술혼용 3번

양수해제술혼용 4번

양수해제술혼용 5번

(1) 잡기법설명 (예)　　　　　　　　ＥＸＡＭＰＬＥ

상대방이 잡기, 치기, 차기, 꺾기 등의 수족에 의한 공격이나 칼·각목과 같은 무기로 공격시에 수족 및 호신장비를 이용한 초기 방어기술을 말한다.

1. 잡기법 1~3

Explanation-1
상대방의 손등을 사진과 같이 세워 감싸잡고, 이 때 엄지 손가락은 상대방의 손바닥에 위치시켜 잡는다. 이 기술은 상대방의 손목을 내손목굽으로 꺾는데 매우 효과적인 기술이다.

Explanation-2
상대방의 손을 대각으로 잡는데 이 때 엄지손가락은 상대방의 손등에 위치시켜 잡는다. 이 기술은 상대방의 손목을 외에서 내로 틀어 꺾는데 효과적이다. 이때 오른손 외손목굽으로 상대방의 중팔목을 'ㄱ'자로 꺾어 눌러준다.

Explanation-3
상대방의 양손으로 상대방의 손과 손목을 사진과 같이 잡은 다음 상대방의 팔을 겨드랑이 사이에 끼어 잡는다.

Explanation-4

사진과 같이 양손 엄지손가락으로 상대방의 손바닥에 위치시켜 감싸잡는다. 이 기술은 상대방의 손목을 외손목과 외손목굽으로 이어 꺾는데 매우 효과적인 기술이다

Explanation-5

사진과 같이 양손 엄지손가락으로 상대방의 손등에 위치시켜 감싸잡는다. 이 기술은 상대방의 손목을 외손목과 내손목으로 이어 꺾는데 효과적이다.

Explanation-6

양손 엄지손가락을 사진과 같이 상대방의 손등에 위치시켜 잡는다. 이 기술은 내손목과 내손목굽으로 이어 꺾는데 효과적이다.

3. 잡기법 7~9

Explanation-7

상대방의 오른팔 어깨를 왼손으로 이용해 사진과 같이 곧바로 잡는다. 이 때 옷자락을 움켜잡는다. 일반적으로 이렇게 잡는 것은 상대방의 상체를 후하방으로 당기기 위한 기본 잡기법으로 오른손과 팔을 이용해 목이나 어깨, 중팔, 하팔, 손목, 허리 등을 동시에 잡아 당기는데 병행할 수 있는 잡기법이라고 설명할 수 있다.

Explanation-8

뒤에서 상대방의 어깨를 왼손을 이용해 사진과 같이 대각선으로 엇갈려 잡는다. 이때 옷자락을 움켜잡고 상대방을 후하방 대각선으로 당겨 상체를 측하방으로 쓰러뜨리기 좋은 기술이며, 오른손으로 상대방의 왼쪽 턱을 감싸잡아 오른쪽으로 돌려 전방, 측후방으로 이동하도록 유도하기에 좋은 자세라고 할 수 있다.

Explanation-9

뒤에서 상대방의 허리띠를 왼손으로 사진과 같이 움켜잡는 기술은 상대방의 전방진행을 저지시켜 보호하거나 동시에 오른손 팔을 이용하여 상대방의 왼쪽 턱을 감싸잡아 오른쪽으로 돌려 전방 측후방으로 이동하도록 유도하기에 좋은 자세라고 할 수 있다. 물론 반대의 손자세로 해도 무방한 기술이다.

4. 잡기법 10~13

Explanation-10
 양팔을 뻗어 양손으로 상대방의 어깨 옷깃을 사진과 같이 바로 움켜잡는다. 이 기술은 상대방의 상체를 앞으로 끌어당기기에 매우 좋은 잡기기술이라고 할 수 있다.

Explanation-11
 양팔을 뻗어 양손으로 상대방의 어깨 옷깃을 사진과 같이 움켜잡아 목 앞쪽으로 당겨 반평정권 자세로 상대방의 쇄골 내측을 충격압박을 가하여 후하방으로 밀쳐내거나 몸을 전환하여 업어치려는 기술 등을 사용할 때 좋은 잡기기술이다.

10

11

12

13

Explanation-12
 상대방의 어깨 옷자락을 양팔을 교차시켜 사진과 같이 움켜 잡는다. 다음 상대방의 앞으로 진행을 저지시키기에 좋은 잡기기술이며 또한 중팔목을 이용해 밀쳐내기 좋은 기술이라고 할 수 있다.

Explanation-13
 상대방의 어깨 옷자락을 양손을 이용해 움켜잡은 다음 손은 하방대각으로 내려 상대방 몸통에 밀착시키고 오른손은 왼손 위로 엇갈리게 교차시키는 동시에 평팔장으로 상대방의 목을 사진과 같이 밀어 조르기에 좋은 기술이다.

5. 잡기법 14~16

Explanation-14
상대방의 상팔을 양손을 이용해 옷깃을 사진과 같이 움켜잡는다. 이 기술은 팔과 몸통을 동시에 제어할 수 있는 효과적인 잡기술이다.

Explanation-15
왼손으로 상대방의 오른팔 중팔목 옷깃을 움켜잡고, 오른손으로 어깨의 옷깃을 움켜 잡는 기술은 상대방을 업어치기와 같은 기술을 사용하는 경우 효과적이다.

Explanation-16
오른손으로 상대방의 허리띠를 잡고, 왼손으로 상대방의 손목을 잡는 기술은 상대방을 후방으로 당겨 끌고가는데 효과적인 잡기술이다.

106

6. 잡기법 17~19

Explanation-17
상대방의 어깨를 양팔을 곧게 뻗어 양손으로 옷깃을 움켜잡고 후하방으로 당겨 상대방을 쓰러뜨리기에 좋은 잡기술이다.

Explanation-18
상대방의 중팔목 옷깃을 양손으로 움켜잡아 손팔을 이용한 상대방의 역습을 저지 시키기에 좋은 잡기술이다.

Explanation-19
왼손으로는 허리를 잡고 오른손으로는 목덜미 옷깃을 움켜잡는 기술은 허리를 밀면서 상체를 동시에 끌어내려 상대방을 쓰러뜨리기에 좋은 기술이다.

7. 잡기법 20~23

Explanation-20

오른팔 삼각팔굽으로 사진과 같이 상대방의 목을 돌려잡고 왼손으로 오른손 손목을 감싸잡아 후하방으로 당겨잡는 기술은 상대방의 역습을 예방하며 효과적으로 제압할 수 있는 잡기술이다.

Explanation-21

오른팔 삼각팔굽으로 사진과 같이 상대방의 목을 겨드랑이에 넣어 돌려잡고 왼손으로 오른손 손목을 감싸잡아 당긴다. 이 기술은 목을 꺾는데 좋은 잡기술이다.

Explanation-22

전방에서 양팔을 이용해 상대방의 좌우 팔을 동시에 감싸잡아 허리뒤로 손목을 잡는다. 이 기술은 상대방을 들어 올리는데 좋은 잡기술이다.

Explanation-23

후방에서 양팔을 이용해 상대방의 좌우 팔을 동시에 감싸잡아 허리 앞으로 사진과 같이 손목을 잡는다. 이 기술은 상대방을 뒤로 들어올리는데 좋은 잡기술이다.

8. 잡기법 24~27

Explanation-24

상대방의 손목을 사진과 같이 손등쪽으로 감싸잡는다. 상대방을 당기거나 할 때 좋은 잡기술이다.

Explanation-25

오지를 이용해 상대방의 목줄기를 감싸잡는 기술로 손가락 끝으로 잡는 기술이다. 특히 이 기술은 목줄기와 같은 연골을 잡는데 효과적인 잡기술이라고 할 수 있다.

Explanation-26

상대방의 손목을 사진과 같이 손등쪽으로 감싸잡아 양손으로 잡는다. 이 기술은 상대방을 끌어당기기에 좋은 잡기술이다.

Explanation-27

상대방의 한 손목을 양손으로 좌우로 감싸 잡는다. 이 기술은 한 손에 의한 것보다 힘을 배가 시킬 수 있다.

109

(2) 치기법설명 (예)

1. 치기법 1~3

손에 의한 치기법에는 물리적 힘을 가장 크게 발휘하여 상대의 신체 부위를 가격하여 무력하게 할 수 있는 방법으로 정도에 따라서는 상대방의 생명도 빼앗을 수 있다. 이와 같은 치기법은 위난 극복술로 부득이 하게 방어 수단이 될 때에 취하게 된다. 따라서 다수의 인원 또는 근력이 강한자를 상대해야 할 때에는 여러 형태의 치기법을 혼용하여 상대의 기선을 초기에 제압할 수 있는 수단이라고 할 수 있다.

Explanation-1

앞발을 앞으로 내딛은 후 무릎평서기 자세와 동시에 외팔장으로 상대방의 명치복부를 수평으로 친다.

이때, 중팔을 곧게 펴지지 않도록 한다. 이 기술은 상대로부터 근접한 측면에 위치한 때에 매우 유용한 자세다.

Explanation-2

반원앞전환과 동시에 앞굽서기자세를 취한 후 상세수도로 상대방의 급소 명치를 수평 전방으로 친다.

상세수도는 매우 근접한 상대방을 공격할 때 유용한 치기술이다.

Explanation-3

앞발 앞으로 내딛는 동시에 앞굽서기 자세 후 내팔장으로 상대방의 측면 늑하정 급소점을 수평으로 쳐 민다.

이때, 중팔목이 펴지지 않도록 주의한다.

이 기술은 상대방으로 부터 측후방에 위치하고 있을 때 유용한 기술이다.

2. 치기법 4~6

Explanation-4

반원앞전환 후 반앞굽서기자세로 전환하며, 인지 관수도로 눈 급소점을 전상방으로 과감하게 찌른다. 물론 인지 관수도로 목부위를 찌를 수도 있다.

이 기술은 상대방과 원거리 전방에 위치시 선제공격에 유리한 기술이다.

Explanation-5

반원앞전환 후 반앞굽자세와 동시에 세팔장으로 상대방의 목부위를 하전방으로 쳐 민다. 이때, 어깨와 견갑골 관절을 부드럽게 한 다음 순간 힘을 집중시켜 체중을 실어 친다. 이때, 팔은 충분하게 뻗도록 한다.

이 기술은 상대방으로부터 전측 근접한 위치에 있을 때 유용한 기술이다.

Explanation-6

반원뒷전환과 동시에 반앞굽서기 자세 후 외손목굽치기 자세를 상대방의 목을 감아 쳐 내린다.

이 기술은 상대방으로 부터 측후방에 위치해 있을 때 유용한 기술이다.

111

3. 치기법 7~9

Explanation-7

앞발을 내딛는 동시에 반앞굽서기자세
후 삼지관수도로 쇄골잡아 당긴다.
이기술은 과감하게 찍듯이 자세를 취
한다. 이 기술은 상대방과 매우 가까운
위치에 있을 때 유용한 기술로서 넘어져
뒹굴거나 할 때 걸기 쉬운 기술이다.

Explanation-8

앞발을 내딛는 동시에 앞굽서기
자세 후 이지관수도로 목줄기 기
도를 찌른다.
이 기술은 강하게 하면 목줄기
기도가 뚫어 질 수도 있다. 가까이
다가 오려는 상대방을 공격하기에
좋은 기술이다.

Explanation-9

앞발을 앞으로 내딛어 앞굽서기
자세 후 세팔굽으로 위에서 아래
로 상대방의 목, 기도 부분을 과감
히 내려친다.
이 기술은 상대방의 신체 부상
을 크게 하여 재역습이 불가능하
게 할 수 있는 기술이다.

4. 치기법 10~12

Explanation-10

반원앞전환 후 반앞굽서기 자세와 동시에 평관수도로 목을 대각으로 강하게 찌른다.

이 기술은 전측방에 위치한 상대방을 공격하기에 유리한 기술이다.

Explanation-11

반원앞전환 후 앞굽서기 자세와 동시에 수장으로 턱관절을 전상방으로 강하게 올려 친다.

이 기술은 정면으로 근접해 오는 상대방을 공격하기에 좋은 기술이다.

Explanation-12

반원앞전환 후 앞굽서기자세와 동시에 오지관수도로 얼굴을 과감하게 찍어 친다.

이 기술은 상대방의 오감기능을 순간 장애를 주는데 효과적인 기술이다.

5. 치기법 13~15

Explanation-13

반원앞전환 후 반앞굽서기 자세와 동시에 평팔로 상대방의 목줄기 있는 면을 전 수평으로 힘차게 친다.

이 기술은 근접한 상대방을 단수로 제압하기에 좋은 기술이다.

Explanation-14

앞발 앞으로 내딛어 앞굽서기 자세 후 외손목굽으로 상대방의 목측면을 전측방으로 강하게 친다.

이 기술은 상대방을 크게 다치지 않게 하면서, 상대방에게 크게 심리적 위축을 가할 수 있는 기술이다.

Explanation-15

반원앞전환 후 앞굽서기 자세를 취하고 외손목장으로 명치를 수평으로 친다.

이 기술은 상대방으로 부터 전측방에 위치해 있을 때 유용한 기술이다.

6. 치기법 16~18

Explanation-16

반원뒷전환 후 외손목급장으로 상대방의 관자놀이나 목동맥을 과감하게 전측방으로 내려친다.

이 기술은 상대방의 지신경기능에 순간 장애를 가할 수 있는 기술이다.

Explanation-17

반원앞전환 후 평정권으로 상대방의 얼굴이나 명치등을 과감하게 전상방 또는 정중방 등으로 친다.

이 기술은 상대방에게 탈골을 가할 수 있는 기술이다.

Explanation-18

앞발 앞으로 내딛는 동시에 세수도로 상대방의 목이나 어깨등을 과감하게 내려친다.

이 기술은 순간 의식을 잃게 할 수 있는 기술이다.

7. 치기법 19~21

Explanation-19

앞발 앞으로 내딛어 앞굽서기 자세
후 평팔장으로 상대방의 명치나 얼굴
등을 전수평으로 강하게 친다.
　이 기술은 순간 복통을 가할 수 있는
기술이다.

Explanation-20

　반원뒷전환과 동시에 무
릎평서기 후 세관수도로
상대방의 명치나 기도, 눈
등을 과감하게 찌른다. 이
기술은 상대방에게 엄청
난 통증을 가할 수 있는 기
술이다.

Explanation-21

　반원뒷전환 후 반뒷굽서기 자세와
동시에 평배팔장으로 명치를 과감하
게 친다.
　이 기술은 심하면 탈장까지 일으킬
수 있는 기술이다.

8. 치기법 22~24

Explanation-22

반원앞전환 후 앞굽서기 자세와 동시에 내손목장으로 목기도를 위에서 아래로 과감하게 내려친다.

이 기술은 경추신경을 자극하여 전신의 마비를 갖게 할 수도 있는 기술이다. 경우에 따라서는 목뼈가 부러질 수도 있다.

Explanation-23

반원앞전환과 동시에 무릎반평서기 후 오지관수도로 상대방의 얼굴을 찍어 하방으로 내린다.

이 기술은 안면급소를 동시에 가격할 수도 있다.

Explanation-24

반원앞전환과 동시에 반앞굽서기 자세 후 좌우 배수도로 상대방의 목동맥과 좌우측을 동시에 친다.

이 기술은 순간 혈액장애를 주어 의식을 잃게 하거나 운동신경과 지신경등을 순간 마비 시킬수도 있는 기술이다.

117

9. 치기법 25~27

Explanation-25

반원앞전환 후 무릎반평서기와 동시에 평관수도로 상대방의 눈, 목등을 과감하게 찌른다.

이 기술은 기도를 관통시킬 수도 있다.

Explanation-26

반원뒷전환과 동시에 반뒷굽서기 후 세수도로 상대방의 목동맥을 과감하게 내리친다.

이 기술은 의식을 잃게하거나 목뼈가 부러질 수 있는 기술이다.

Explanation-27

반원뒷전환과 동시에 뒷굽서기 후 내손목장으로 상대방의 목동맥을 과감하게 내리친다.

이 기술은 의식을 잃게하거나 목뼈가 부러질 수도 있다.

10. 치기법 28~30

Explanation-28

반원뒷전환 후 무릎반평서기 자세를 취한 다음, 배내손목굽으로 상대방의 목을 전측방으로 감아 친다. 이 기술은 상대방의 목뼈를 어긋나게 할 수도 있다.

Explanation-30

반원앞전환과 동시에 무릎평서기 자세 후 수장으로 과감하게 상대방의 복부를 전상방으로 밀어친다.

(3) 차기법설명 (예)

차기법은 상대방의 얼굴·몸통을 포함해 모든 신체부위의 급소점 및 관절의 약점 등을 중심으로 발로 차는 것을 말한다.

1. 차기법 1~3

Explanation-1

뒷꿈치 차돌리기로 상대방의 무릎내측을 돌려 찬다. 이 발차기는 근접해 오는 상대방을 공격하기에 유리한 발차기다.

특히, 상대방과 밀착된 경우 유리한 발차기다.

Explanation-2

하단발끝찍어차기로 상대방의 무릎 뒤축을 찬다.

이 발차기는 상대방이 방어 자세를 취하거나, 그 반대로 선제 공격을 위한 예비동작을 취하는 순간 공격하기에 유리한 발차기다 .

Explanation-3

하단옆차기로 상대방의 무릎을 찬다. 무릎관절은 고관절 다음으로 큰 관절로서 이곳을 다치게 되면 거의 모든 공격력을 잃을 수 있다.

Explanation-4

발등반달내려찍어차기로 상대방의 등이나 얼굴 등 주로 상단부분을 가격하는 발차기 기술이다.

이 발차기는 다른 발차기와 비교해서 힘있는 발차기라고는 할 수 없지만 역습에 매우 뛰어 난 발차기 기술이다.

Explanation-5

발끝찍어차기로 상대방의 명치 복부를 찬다. 이 발차기는 공격또는 방어에 상대방의 좌우 측면을 공격하기에 매우 뛰어난 발차기라고 할 수 있다.

그리고, 다른 발차기와 혼용하여 여러 복식발차기를 만들어 찰 수 있는 발차기다.

Explanation-6

뒤굽족으로 상대방의 등을 공격하는 발차기로 뒤꿈치차기, 안다리돌려차기, 바깥다리돌려차기, 서서돌려차기와 같은 발차기 기술을 사용할 수 있다.

121

Explanation-7

앞차기로 상대방의 낭심을 과감하게 올려 찬다. 낭심은 남성에게만 있는 급소로서 가장 큰 급소중에 하나라고 할 수 있다.

맞았을 때 심한 경우, 호흡곤란 및 의식불명까지 갈 수 있다.

Explanation-8

무릎올려차기로 상대방의 낭심을 걷어찬다.이때, 사진과 같이 상대방의 양 어깨부분을 동시에 움켜 잡아 당기며, 차는 것이 보다 신속하고 위력적이다.

Explanation-9

무릎올려차기로 상대방의 무릎 위 허벅지 부분을 수평으로 걷어 찬다.

4. 차기법 10~12

Explanation-10

무릎차기로 상대방의 턱을 올려찬다.
상대방이 서 있는 경우에는 점프해 올
려찬다.

Explanation-11

무릎올려차기로 상대방의 늑
골하단 부분을 대각 수평으로
올려찬다. 양손으로 양어깨를
잡아 당기며 찬다.

Explanation-12

옆차기로 상대방의 늑골하단
부분을 찬다. 상대방이 뒷차기
나 서서돌려차기를 하기 위해
몸을 돌리는 순간 허점을 노려
발차기하는 기술이다.

5. 차기법 13~16

Explanation-13

뒤꿈치대각내려찍어차기로 상대방의 허벅지 측면을 찬다. 이때, 가능한 사진과 같이 양 어깨 또는 팔등을 잡아 당기며, 차는 것이 좋다.

Explanation-14

양 어깨를 잡아 당기며, 상대방의 무릎측면을 하단발끝찍어차기로 찬다.

Explanation-15

양 어깨를 잡아 당기며, 뒤꿈치대각내려찍어 차기로 상대방의 무릎 뒤축을 찬다.

Explanation-16

뒤꿈치내려찍어차기로 주로 상대방의 얼굴이 나 몸통 특히, 어깨 등을 공격하기에 유리한 발 차기이다.

Explanation-17

내서외로 발끝찍어차기로 상대
방의 목측면을 힘있게 찬다.
이 사진은 선제형발차기라고 할
수 있다.

Explanation-18

내서외로 발끝찍어차기로 상대
방의 목측면을 힘있게 찬다.
이 발차기는 역습형발차기라고
할 수 있다.

Explanation-19

발끝찍어차기로 상대방의 목측
면을 강하게 찬다.

GUARD MILITARY

경호무술

Explanation-20
 서서돌려차기로 상대방의 목측 면을 힘차게 돌려 찬다.

Explanation-21
 옆차기로 상대방의 목부분을 과 감하게 찬다.

Explanation-22
 안다리돌려차기로 상대방의 목 측면을 사진과 같이 과감하게 돌려 찬다.

Explanation-23

무릎차기로 점프하면서 상대방의 허리 측면을 찬다.

Explanation-24

상대방이 뒤차기로 공격하려고 할 때 족장밀어차기로 골반을 밀어 찬다.

Explanation-25

상대방이 내서외로발끝찍어차기로 공격하려고 할 때 들려진 상대방의 허벅지 부분을 내서외로 발끝찍어차기로 방어 발차기한다.

4. 경호무술 호위호신술법 1편

경호무술 4

호위호신술법 1편

9. 차기법 26~28

Explanation-26
상대방의 복부를 뒤차기로 강하게 찬다.

Explanation-27
앞차기로 상대방의 명치부분을 신속하게 찬다.

Explanation-28
상대방이 옆차기로 공격하려고 할 때 사진과 같이 하단옆차기로 상대방의 무릎 뒤축을 찬다.

Explanation-29

양수로 상대방 어깨를 잡아 힘껏 당기며 뒤꿈치대각내려 찍어차기로 대퇴측하 급소를 사진과 같이 찬다.

Explanation-30

상대방이 내서외로 발끝찍어차기로 공격하려고 할 때 상대방 왼발 무릎측면을 옆차기로 찬다.

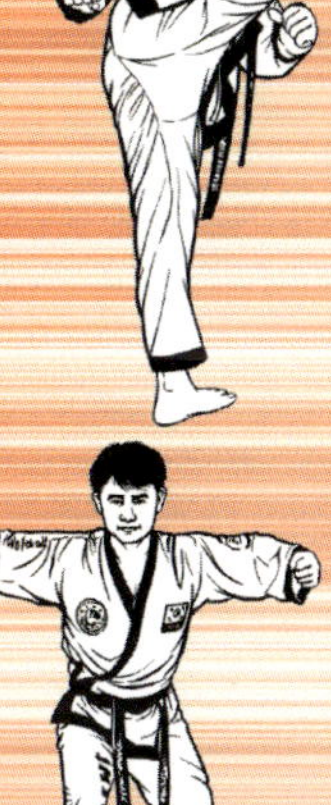

Explanation-31

앉아돌려차기로 상대방의 무릎 뒤축을 돌려 찬다.

(4) 꺾기법설명 (예)

꺾기법은 신체의 골격 즉 관절을 꺾어 상대의 기선을 제압하는 방법으로 치기법(타헐법)등을 병행하기도 하며, 급소점(혈점)등을 제압해 꺾기를 시도하는 방법 등으로 응용하기도 한다. 그러나 어떤 방법을 병행한다 해도 상대방을 완전하게 제압하여 연행한다는 것은 꺾기법의 완벽성이 없다면 불가능할 것이다. 신체의 관절이 완전하게 꺾여 제압될 경우에는 좀처럼 제압으로부터 풀려나기 힘들다. 관절을 꺾어 제압할 때에 가장 중요한 것은 상대방의 근력과 몸의 균형에 따라 관절 꺾기에 좋은 타이밍이 중요하며, 상대방의 관절을 대각선에서 꺾어 들어 가는 것이 일반적으로 효과적이다.

1. 꺾기법 1~3

Explanation-1

엄지 인지를 상대방 엄지손가락의 관절을 측면으로 눌러 엄지손가락 관절을 꺾는다.

Explanation-2

엄지와 인지를 상대의 엄지에 감싸잡아 후하방으로 엄지손가락 관설을 꺾는다.

Explanation-3

우수모지로 손등에 위치시키고, 나머지 손가락은 손바닥에 위치시켜 내서외로 손목을 90° 돌려 팔목을 꺾는다.

Explanation-5,6

깍지 껴 잡은 손을 전하방 수직으로 꺾는다.

Explanation-7

손목을 하외로 돌려 손등을 감싸 잡은 다음 손목을 하후방으로 꺾는다.

3. 꺾기법 7~9

Explanation-7

좌우 엄지손가락을 손바닥에 위치시
키고, 나머지 손가락을 손등에 위치시켜
감싸 잡은 다음 수평으로 꺾어 준다.

Explanation-8

깍지 낀 상대방의 중지를 우수 삼지수도로 하전방
으로 당겨 꺾는다.

Explanation-9

깍지 낀 중지손가락을 좌수 삼지수도를 이용하여
전상방으로 당겨 중지손가락 관절을 꺾는다.

4. 꺾기법 10~11

Explanation-10

좌우수를 이용하여 손목을 내측 수평으로 꺾는데 좌우모지는 손등에 위치시키고, 나머지 손가락은 손바닥을 향하게 잡는다.

Explanation-11

좌우엄지손가락은 손등에 위치시키고 나머지 손가락은 손바닥에 위치시켜 감싸 잡은 다음 손목을 90° 내측으로 꺾고 수직으로 내려 꺾는다.

경호무술 / GUARD MILITARY

Explanation-12

우수 엄지를 손등에 위치시키고 나머지 손가락을 손바닥에 위치시켜 감싸 잡아 손을 외서내로 돌려 손목을 꺾는다..

Explanation-13

팔을 뒤로 90° 들어 상팔을 이용 몸통에 밀착시켜 어깨 관절 꺾고 좌우수로 손, 손목잡아 내측으로 90° 꺾어 손목을 꺾는다.

Explanation-14

좌우수로 손, 손목잡아 내서 외로 제껴 손목 꺾는다.

6. 꺾기법 15

Explanation-15

좌우수로 손을 감싸 잡은 다음 손목을 내에서 외로 90° 돌려 꺾는다.

GUARD MILITARY

경호무술

16

Explanation-16

좌우수로 상대의 손목과 중팔목을 동시에 꺾는다. 우선, 좌수로 상대의 손등을 감싸 잡아 내측으로 90° 되게 꺾고, 손은 수평되게 잡은 다음 우수로는 내에서 외로 팔을 감싸 외손목굽으로 중팔목을 수직으로 내려 꺾는다.

17

Explanation-17

팔을 외서내로 꺾고 손목과 중팔목을 동시에 꺾는다. 좌수로는 손등을 감싸 잡아 손이 내측으로 90° 되게 꺾어 잡고 손은 수평되게 하며, 우수로는 외손목굽으로 하방으로 내려 중팔목을 꺾는다.

8. 꺾기법 18~20

18

Explanation-18

우수로 상대방의 손을 외서내로 돌려 잡아 손목을 꺾는다.

Explanation-19

좌우수를 이용하여 상대의 손목 중팔목을 동시에 꺾는다. 이 때 팔을 내에서 외로90° 돌려 손을 감싸 잡은 다음 우팔을 뻗어 상대의 중팔목에 걸러 지렛대로 들어 올리듯이 중팔목을 꺾는다.

19

Explanation-20

팔을 뒤로하여 하팔이 등 뒤 수평되게 꺾은 다음 손목을 내측하방 90°로 꺾는다.

20

137

9. 꺾기법 21

Explanation-21

상대의 팔을 어깨위로 들어 올려 꺾
기도록 손목을 내측으로 꺾는다.

10. 꺾기법 22~23

Explanation-22

좌수로 뒷머리를 잡고 우수로 턱측
면을 잡은 다음 왼쪽 대각 측후방으
로 돌려 목을 꺾는다.

Explanation-23

좌수로 뒷머리를 움켜 잡고 우수
로 턱을 잡아 전하방으로 머리를
제껴 목을 꺾는다.

Explanation-24

오른쪽 팔을 이용해 목을 앞에서 뒤로 조르고, 왼팔을 머리뒤로 올려 손으로 머리를 앞으로 밀어 꺾는다.

Explanation-25

팔을 등 뒤로 90°로 들어올려 관절을 꺾은 다음 좌수로 손등을 감싸 잡아 내측으로 90° 꺾어 수직으로 눌러준다.

12. 꺾기법 26~28

Explanation-26

상대의 왼팔 겨드랑이 사이로 좌수를 뻗고, 우수는 어깨위로 뻗어 머리 뒤로 깍지 낀 다음 대각으로 내려 목을 꺾는다.

Explanation-27

팔을 등 뒤로 90° 들어 어깨 관절을 꺾는다. 이때, 좌수로 는 손목을 90° 내측으로 꺾고 우팔은 곧게 어깨 목사이로 뻗어 어깨 관절을 울러 꺾는다.

Explanation-28

상대의 목부위를 겨드랑이 사이로 끼운 다음 삼각팔굽자 세로 감은 후 좌수로 우수의 손목을 잡아 고정시킨 후 전하 방으로 돌려 목을 꺾는다.

Explanation-29

오른팔 삼각팔굽으로 뒤에서 앞으로 팔을 감아 좌수로 우수손목을 잡아 뒤로 당겨 목을 꺾는다.

Explanation-30

좌우팔을 상대의 좌우겨드랑이 사이로 집어 넣어 목뒤로 올린다음 손가락을 깍지 끼워 머리를 수직으로 내려 목을 꺾는다.

Explanation-31

상대의 상팔이 어깨위로 걸리도록 올린 다음 좌수로 팔을 내서외로 돌려 손목 잡아 꺾는다. 이때, 우측 어깨를 최대한 들어 올려준다.

Explanation-32

상대의 팔을 우팔을 이용 상대방이 하팔을 중팔목에 걸리게 하여 후상방으로 들어 올려 어깨 관절을 꺾는다.

Explanation-33

팔을 등 뒤대각으로 곧게 편 다음 중팔을 수직으로 눌러 꺾는다.

Explanation-34

상대의 팔을 등 뒤로 꺾은 다음 무릎으로 손바닥을 수직으로 눌러 준다.

Explanation-35

상대방의 왼손목을 사진과 같이 잡은 상태에서 오른무릎을 이용해 상대방의 어깨관절을 눌러 꺾는다.

143

GUARD MILITARY

경호무술

Explanation-36

팔을 어깨 뒤로 넘겨 어깨, 중팔목을 발로 꺾는다. 이 때, 하팔내측을 발로 눌러준다.

Explanation-37

팔을 어깨 뒤로 넘겨 어깨, 중팔, 손목을 동시에 꺾는다.

Explanation-38

팔을 곧게 편 상태에서 어깨 위로 올려 상팔을 발로 눌러 어깨 관절을 꺾어 준다.

16. 꺾기법 39~40

Explanation-39

상대방의 왼발을 오른발 무릎 뒤축에 올리고 오른발목은 우수로 잡아 누르는 동시에 오른발 무릎을 이용하여 체중을 실어 눌러 꺾는다.

39

40

Explanation-40

상대방의 양다리를 'X'자로 교차시키게 하여 양무릎에 체중을 실어 구부려 다리를 꺾는다.

40

17. 꺾기법 41~43

Explanation-41

상대의 발을 좌우측 상하방향으로 꺾어 발을 이용해 눌러준다.

41

Explanation-42

상대방의 왼쪽다리를 우측무릎 위에 올려 무릎 발목을 꺾고, 좌측발은 상대방의 오른발 허벅지를 밟아 눌러준다. 이 때, 우측발은 상대방의 왼쪽 고관절 측면에 위치해 고관절, 무릎, 발목 순으로 꺾는다.

Explanation-43

상대방의 좌우측 발목을 잡아 꺾어 누른다. 이때 상대방의 좌측을 무릎을 구부려 꺾고, 우측다리는 곧게 편상태에서 허벅지로 고관절 부분을 눌러준다.

43

Explanation-44

상대방의 양무릎 관절을 꺾어 발무릎으로 눌러 꺾는다.

Explanation-45

상대방의 다리를 좌우측 다리 사이에 고정시키는데, 오른쪽 다리는 상대 무릎 뒤축에 올리고, 다른 한쪽 다리는 발목 위쪽에 고정시켜 무릎발목을 동시에 꺾는다.

147

19. 꺾기법 46~48

Explanation-46
상대의 다리를 좌우족 사이에 고정시
킨 다음 좌우수를 이용 앞뒤로 발을 잡
아 발목을 비틀어 꺾는다.

Explanation-47
상대의 다리를 좌우족 사
이에 끼워 고정시킨 다음 발
을 겨드랑이에 넣어 고정시
켜 돌린다.

Explanation-48
좌우족을 이용 상대의 발을 고정시킨
후 좌수를 이용하여 발을 측면으로 밀
어 무릎관절을 꺾어준다.

Explanation-49

상대방의 다리를 사진과 같이 자신의 양다리로 교차시켜 고정시키고 왼팔 겨드랑이를 이용하여 상대방의 발목을 감싸고정시키는 동시에 상체를 뒤로 제껴 발목을 꺾는 동시에 발목 뒤쪽 아킬레스건을 세팔장으로 들어올려 압박하여 꺾는다.

Explanation-50

상대방의 다리를 사진과 같이 자신의 양다리로 교차시켜 고정시키고 양손으로 상대방의 뒤꿈치와 앞꿈치를 감싸잡아 왼쪽으로 발목을 돌려 꺾는다.

Explanation-51

상대방의 다리를 사진과 같이 자신의 안다리로 교차시켜 고정시키고 양손으로 상대방의 뒤꿈치와 앞꿈치를 감싸잡아 위쪽으로 발목을 돌려 꺾는 동시에 발과 상체를 동시에 돌려 상대방의 몸을 돌려 엎어지게 한다.

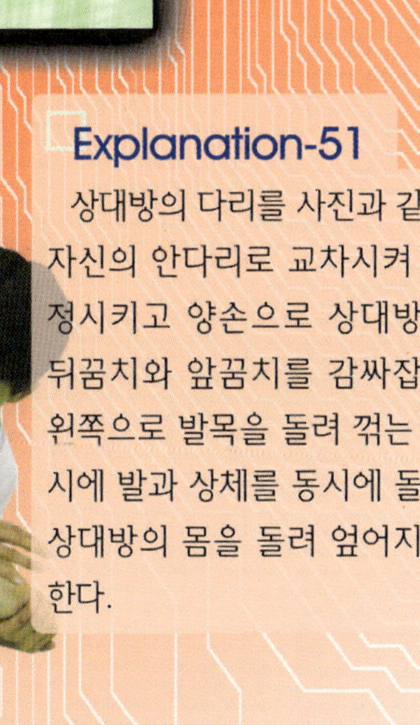

Explanation-52

팔을 등 뒤로 돌려 좌우수로 손목 어깨를 꺾어 잡은 다음 체중을 상대의 몸통에 실어준다.

Explanation-53

겨드랑이 사이로 발목을 끼워 외로 꺾는 동시에 좌수로 발을 하방 고정시켜 꺾기효과를 크게 해준다.

Explanation-52

팔을 등 뒤로 90°로 세워 어깨 관절을 꺾는다. 이때, 우팔을 이용, 내에서 외로 감싸 좌수로 손목잡아 고정하고 상대의 손목을 어깨위로 지지해 꺾기 효과를 더해준다.

22. 꺾기법 55~56

Explanation-55

상대의 양팔을 뒤로 돌려 어깨를 90°로 꺾어 팔을 올리고 좌우수로 상대의 손목을 손으로 누른다.

Explanation-56

상대방의 팔을 곧게 편 상태에서 팔 좌우로 두다리를 교차시켜 몸통을 누르는 동시에 좌우수의 엄지로 상대의 손등에 위치시키고 나머지 손가락은 손바닥에 위치시켜 감싸잡은 다음 가슴쪽으로 당겨 중팔 팔꿈치를 꺾는다.

23. 꺾기법 57~59

Explanation-57
무릎관절을 수팔로 감싸 잡아 측하방으로 내려 꺾는다.

Explanation-58
삼각수도로 무릎뒤측을 밀어 쳐 무릎관절을 꺾는다.

Explanation-59
상대의 팔을 겨드랑이로 고정시킨 후 손목을 좌우수로 돌려 꺾는다.

24. 꺾기법 60~62

Explanation-60
무릎관절을 꺾어 발 무릎으로 눌러준다.

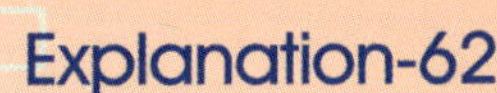

Explanation-61
무릎발목을 허리, 몸통을 이용해 내측으로 꺾는다.

Explanation-62
좌우발을 이용하여 목을 감싸 꺾는다.

25. 꺾기법 63~66

Explanation-63

팔을 곧게 등뒤로 90° 로 들어 올린 다음 중팔목을 측면으로 당겨 꺾는다.

Explanation-64

상대의 발목을 무릎뒤축으로 감아 측후방으로 돌려 발목, 무릎, 고관절, 허리 순으로 꺾이게 한다.

Explanation-65

상대방의 팔을 곧게 뻗게 하여 중팔목을 무릎으로 지지시킨 다음 손목을 뒤로 제껴 어깨 중팔목 손목을 동시에 꺾는다.

Explanation-66

상대방의 팔을 사진과 같이 발로 교차시켜 꺾는 동시에 양손을 상대방의 손목을 잡아 가슴쪽으로 당겨 중팔목 팔꿈치를 꺾이게 한다.

(4-1) 꺾고치기법 설명(예)

1. 꺾고치기법 1~3

Explanation-1

전교무릎서기 자세에서 왼손으로는 상대방의 손을 잡아 팔이 어깨위로 올려 잡아 고정시키는 동시에 오른팔 평팔굽장으로는 상대방의 목을 돌려 친다.

Explanation-2

오른발을 옆으로 내딛는 동시에 오른손 외팔장으로 상대방의 목측면을 내리치는 동시에 왼손으로는 상대방의 손을 외에서 내측으로 돌려 손목을 꺾는다.

Explanation-3

발을 앞으로 내딛는 동시에 세팔굽장으로 상대방의 목측면을 내려치는 동시에 왼손으로는 상대방의 손을 외에서 내측으로 돌려 손목을 꺾는다.

2. 꺾고치기법 4~6

Explanation-4

앞굽자세를 취하며, 오른팔 세팔굽장으로 상대방의 등을 내려치는 동시에 왼손으로는 상대방의 팔을 수직으로 세워 손목을 90° 로 꺾는다.

Explanation-5

전교무릎서기 자세를 이용해 상대방의 팔을 고정시키고, 팔을 허벅지 위로 돌려 손목을 꺾는 동시에 세수도로 상대방의 허리측면을 내려 친다.

Explanation-6

전교무릎서기 자세를 이용해 상대방의 팔을 고정시키며, 손목을 90° 로 꺾는 동시에 오른팔은 세팔굽장으로 허리측면을 내려 친다.

3. 꺾고치기법 7~9

Explanation-7

발을 앞굽서기 자세로 취하는 동시에 오른손으로는 세수도로 상대방의 복부를 내려치는 동시에 왼손으로는 손목을 밖에서 안으로 돌려 꺾는다.

Explanation-8

무릎반평서기 자세를 취하는 동시에 왼손으로는 상대방의 손을 잡아 팔을 어깨위로 올려 중팔목을 꺾기게 하는 동시에 왼팔로는 평팔굽장으로 명치복부를 돌려 친다.

Explanation-9

반앞굽서기 자세에서 왼손은 상내방의 팔을 등뒤로 돌려 손목을 위로 꺾은 다음 오른팔 세팔굽장으로 중팔목을 수직으로 내리 친다.

4. 꺾고치기법 10~12

Explanation-10

무릎평서기 자세에서 왼손으로는 상대방의 손목을 내에서 외로 돌리는 동시에 오른팔로는 외평팔장으로 늑골 부분을 수평으로 친다.

Explanation-11

무릎반평서기 자세에서 왼손으로는 상대방의 손을 잡아 사진과 같이 들어 올리는 동시에 외손목장으로 늑골부분을 수평으로 친다.

Explanation-12

전교무릎서기 자세에서 왼손으로 상대방의 왼손을 잡아 사진과 같이 들어 올리는 동시에 오른팔 평팔굽장으로는 상대방의 늑골부분을 수평으로 친다.

5. 꺾고치기법 13~15

Explanation-13

오른발을 옆으로 내딛는 동시에 오른손 외팔장으로 상대방 중팔목을 내리치는 동시에 왼손으로는 상대방의 손을 외에서 내측으로 돌려 손목을 꺾는다.

Explanation-14

전교무릎서기 자세에서 왼손으로는 상대방의 손목을 잡아 위로 들어 올리고 세팔장으로 상대방의 겨드랑이 어깨 관절을 강하게 내려친다.

Explanation-15

무릎반평서기 자세에서 왼손으로는 상대방의 손목을 수평으로 90° 꺾은 다음 오른팔 외평팔장으로 상대방의 목측면을 돌려 친다.

경호무술 4
호위호신술법 1편

Explanation-16

반뒷굽서기 자세에서 왼손으로는 상대방의 손목을 잡아 꺾어 등뒤로 돌려 고정시키는 동시에 오른손은 세수도를 이용 상대방의 목을 내려친다.

Explanation-17

평서기 자세에서 상대방의 머리를 움켜잡아 뒤로 당겨 목과 허리를 꺾은 다음 오른손 세수도로 목을 내려 친다.

Explanation-18

뒷굽서기 자세에서 오른손으로는 상대방의 머리를 움켜잡아 뒤로 당겨 목과 허리를 꺾은 다음 왼팔로는 평팔굽장으로 늑골부분을 뒤로 돌려 친다.

7. 꺾고치기법 19~20

Explanation-19

앞굽서기 자세에서 왼손으로는 상대방의 머리를 움켜 잡아 뒤로 목을 꺾는 동시에 오른손은 수장으로 턱을 측면으로 돌려 친다.

Explanation-20

상대방의 다리를 사진과 같이 꺾어 제압하는 동시에 왼손으로 머리를 움켜잡아 뒤로 당기는 동시에 오른손으로는 배수도로 상대방의 목측면을 가격한다.

8. 꺾고치기법 21~23

Explanation-21
무릎반평서기 자세에서 왼손으로 상대
방의 손을 잡아 머리뒤로 넘기는 동시에
오른손으로는 외손목굽과 세팔장으로 동
시에 상대방의 목과 등을 가격하여 친다.

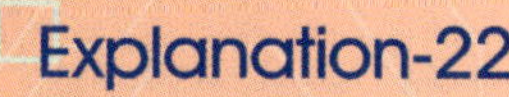

Explanation-22
반앞굽서기 자세에서 왼손
으로 상대방의 손목을 위로 돌
려 꺾는 동시에 오른손으로는
세수도로 팔이나 등을 가격해
친다.

Explanation-23
무릎평서기 자세에서 왼손
으로 상대방의 손목을 위로 꺾
는 동시에 오른손으로는 세수
도로 상대방의 목뒤를 내려 친
다.

9. 꺾고치기법 24~25

Explanation-24
무릎평서기 자세에서 왼손으로는 손목을 위로 꺾어 올린다음 동시에 오른팔 세팔굽장으로 상대방의 등을 수직으로 내려친다.

Explanation-25
무릎반평서기 자세에서 왼손으로 상대방의 손목을 외서 내로 돌려 꺾는 동시에 오른손으로는 외손목굽으로 중팔목을 내리 친다.

1. 꺾고차기법 1~3

Explanation-1

왼손을 이용해 상대방의 손목을 꺾어 팔을 어깨위로 돌려 끌어 당기는 동시에 옆차기로 허리부분을 찬다.

Explanation-2

왼손을 이용해 상대방의 손목을 꺾어 팔을 어깨 위로 돌려 끌어 당기는 동시에 바깥다리 돌려차기로 상대방의 목을 가격하여 찬다.

Explanation-3

왼손을 이용해 상대방의 손목을 꺾어 팔을 어깨 위로 돌려 끌어 당기는 동시에 내서외로 발끝찍어차기로 명치 복부를 찬다.

2. 꺾고차기법 4~5

Explanation-4

왼손을 이용해 상대방의 손목을 꺾어 팔을 어깨위로 돌려 끌어 당기는 동시에 뒷굽족으로 상대방의 무릎 뒤축을 찬다.

Explanation-5

왼손으로 상대방의 손목을 꺾어 팔을 어깨위로 돌려 끌어 당기는 동시에 왼발 하단 옆차기로 상대방의 무릎 뒤축을 찬다.

Explanation-6

양손으로 상대방의 손목을 꺾어 팔을 등뒤로 90°되게 한 다음 앞차기로 명치 복부를 힘차게 찬다.

Explanation-7

왼손으로 상대방의 손목을 꺾어 팔이 등뒤로 90°되게 올린 다음 앞차기로 상대방의 명치 복부를 걸어 찬다.

Explanation-8

양손으로 상대방의 손목을 꺾어 팔이 등뒤로 90°되게 들어 올리는 동시에 무릎올려 차기로 상대방의 얼굴을 걸어 찬다.

4. 꺾고차기법 9~11

Explanation-9

양손으로 상대방의 손목을 꺾어 팔을
등뒤로 90° 되게 한 다음 안다리 돌려차
기로 상대방의 등뒤를 찬다.

Explanation-10

오른팔을 상대방의 겨드랑
이 사이로 넣어 몸통을 미는
동시에 오른발로는 상대방의
무릎관절 측면을 하단옆차기
식으로 밟아 꺾는다.

Explanation-11

양수로 상대방의 손목과 중
팔목을 동시에 집어 꺾으며,
오른발로는 상대방의 무릎관
절 측면을 하단 옆차기식으로
밟아 꺾어 찬다.

167

5. 꺾고차기법 12~13

Explanation-12

왼손을 이용해 상대방의 손목을 꺾어 팔이 등뒤로 90° 되도록 하는 동시에 뒷굽족으로 등을 내려 찬다.

Explanation-13

왼손을 이용해 상대방의 손목을 꺾어 팔이 등뒤로 90° 되도록 하는 동시에 안다리 돌려차기로 겨 드랑이 어깨관절을 내려친다.

6. 꺾고차기법 14~17

Explanation-14

왼손을 이용해 상대방의 손목을 꺾어 팔이 등뒤로 90°도가 되도록 하는 동시에 발등으로 복부를 걸어 찬다.

Explanation-15

왼손을 이용해 상대방의 손목을 꺾어 팔이 등뒤로 90° 되도록 하는 동시에 뒷굽족으로 목뒤를 내려 찬다.

Explanation-16

왼손으로 상대방의 앞머리를 움켜 잡아 뒤로 당겨 목을 꺾고 오른팔로는 상대방의 중팔을 꺾어 등뒤로 밀착시키는 동시에 오른발로는 상대방의 무릎 뒤축을 옆차기식으로 밟아 지면에 밀착시킨다.

Explanation-17

상대방의 중팔을 꺾어 등뒤로 밀착시키는 동시에 오른발을 들어 사진과 같이 상대방의 목을 감싸 조른다.

(5) 던지기법 설명 (예)　　　　　E N A M P L E

던지기법은 상대방 손과 팔허리, 다리를 잡기법을 연결하여 메치거나 업어치는 것으로 빠른 순발력과 근력이 요구된다.

1. 던지기법 1~3

Explanation-1

반원바꿔앞전환을 하는 동시에 상대방의 가슴 옷깃을 양손으로 잡는 동시에 등을 상대방의 가슴에 밀착시킨 다음 사진과 같이 당긴다. 이때, 허리를 구부려 상체를 수직으로 내려 상대방을 던진다.

Explanation-2

반원앞전환 후 무릎평서기 자세를 취하는 동시에 상대방의 손목과 어깨를 양손으로 잡는 동시에 등을 상대방의 가슴에 신속하게 밀착시킨 다음 어깨를 상대방의 겨드랑이 사이로 걸어 넘긴다.

Explanation-3

반원앞전환 후 무릎평서기 자세를 취하며, 상대방의 중팔목과 목을 사진과 같이 잡은 다음 상체를 비스듬히 허리부분에 대어 당겨 던진다.

2. 던지기법 4~6

Explanation-4
반원앞전환과 동시에 무릎평서기 자세 후 한손은 팔을 잡고 다른 한손은 상대방의 겨드랑이 사이로 넣어 상체를 측면으로 쓰러트려 허리부분이 허벅지에 걸리게 하여 앞쪽으로 던진다.

Explanation-5
앞발 앞으로 내딛어 무릎을 구부리는 동시에 한손은 팔을 잡고 다른 한손은 다리를 잡은 다음 상대방의 허리부분에 목을 넣어 어깨부분으로 들어 올려 뒤로 던진다.

Explanation-6
가슴옷깃을 양손으로 잡는 동시에 발을 상대방의 복부에 갖다 댄 다음 엉덩이를 사진과 같이 지면에 착지시키면서 머리위로 던진다.

171

Explanation-7

반원앞전환과 동시에 무릎평서기 후 손목을 양손으로 잡아 상대방의 양팔을 엇갈리게 교차시키고, 교차된 팔 부분에 어깨 걸어 던진다.

Explanation-8

무릎반평서기 자세 후 왼발을 상대방의 등뒤로 위치시키는 동시에 왼팔을 뻗어 상대방의 겨드랑이 사이로 걸고 허벅지 부분에 상대방의 엉덩이가 걸리도록 하여 던진다.

Explanation-9

왼발을 상대방의 등뒤로 동시에 위치시키는 무릎평서기 후 왼팔을 뻗어 상대방의 겨드랑이 사이에 갖다 댄 다음 오른팔 외손목굽으로 상대방의 무릎 뒤축을 걸어 올려 던진다.

4. 던지기법 10~12

Explanation-10

반원바꿔앞전환 후 무릎평서기 자세를취
하는 동시에 띠줄을 상대방의 목에 걸어
잡아 당겨 사진과 같이 던진다.

Explanation-11

반원앞전환과 동시에 상대
방의 오른손목을 잡아 당기는
동시에 오른팔 세팔장 사진과
같이 돌려 상체를 뒤로 넘어
뜨린다.

Explanation-12

삼각수도로 상대방의 무릎뒤
축을 걸어 올려 사진과 같이
머리위로 던진다.

173

경호무술

Explanation-13

반원바꿔앞전환 후 무릎평서기 자세를취
하는 동시에 띠줄을 상대방의 목에 걸어
잡아 당겨 사진과 같이 던진다.

Explanation-14

발을 앞으로 내딛는 동시에
무릎을 구부려 자세를 취한 다
음 왼팔로 상대방의 발을 들어
올리고 오른손으로 상대방의
발목을 잡아 당겨 사진과 같이
던진다.

6. 던지기법-혼용기술(1~3)

중단내가로걸기

대각내로걸기

대각외로걸기

175

7. 던지기법-혼용기술(4~6)

중단외가로걸기

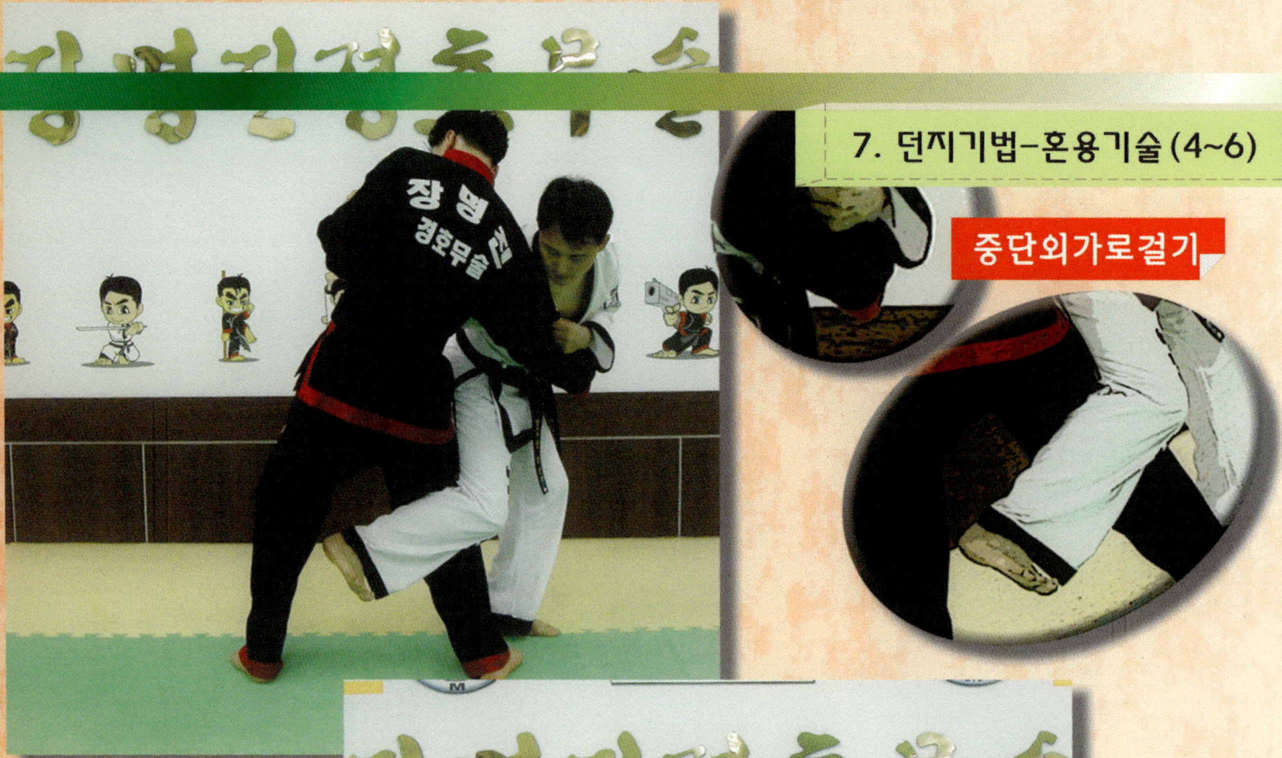

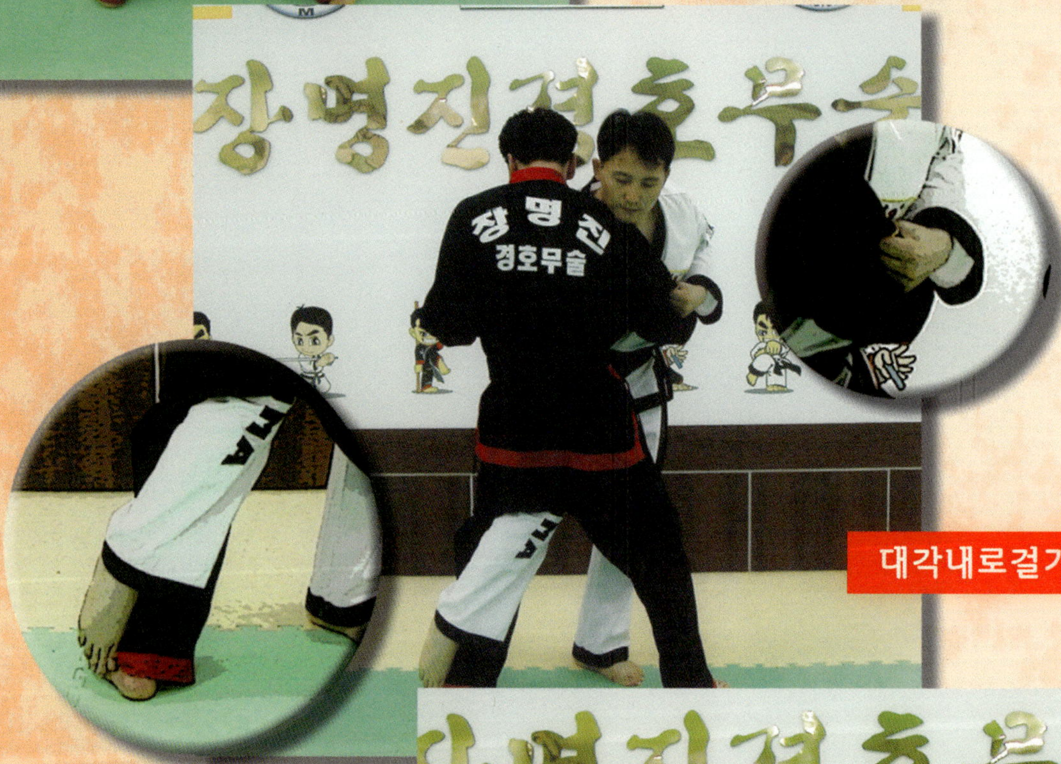

대각내로걸기

양족오금당기기

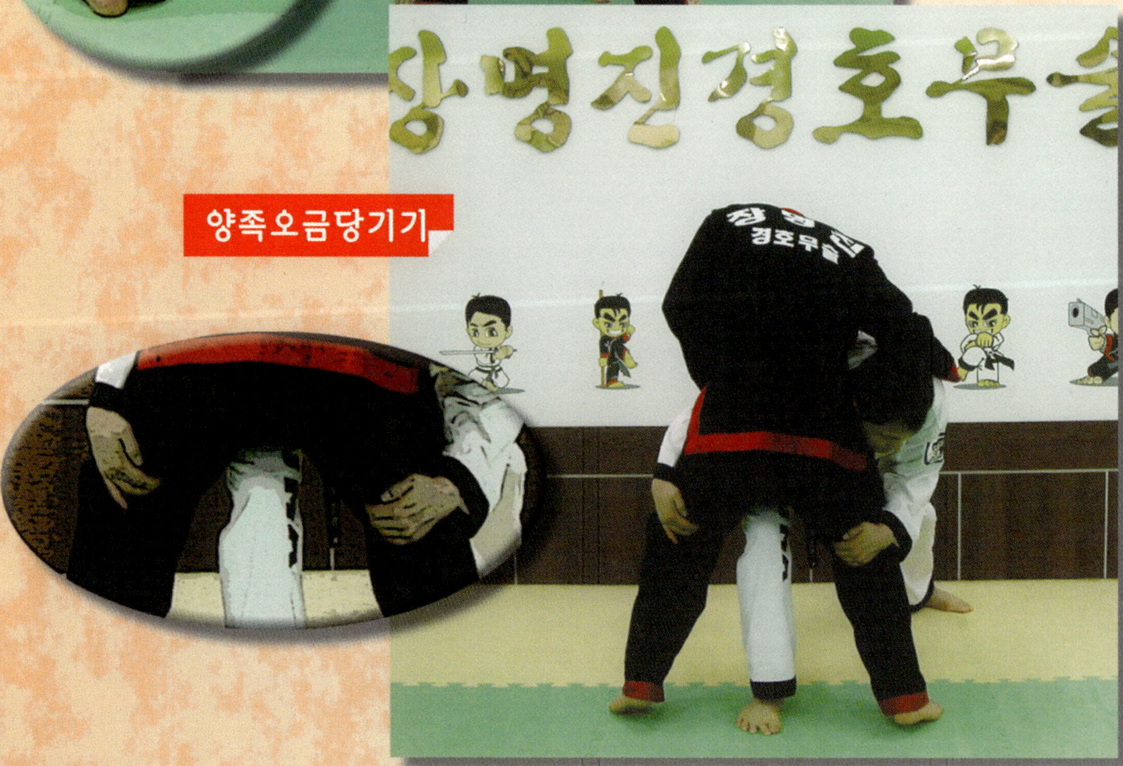

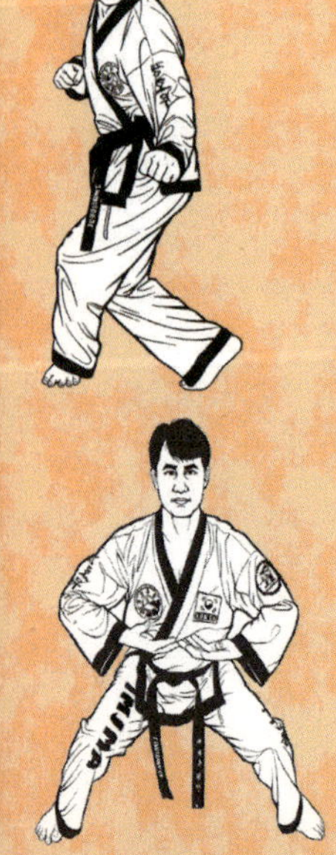

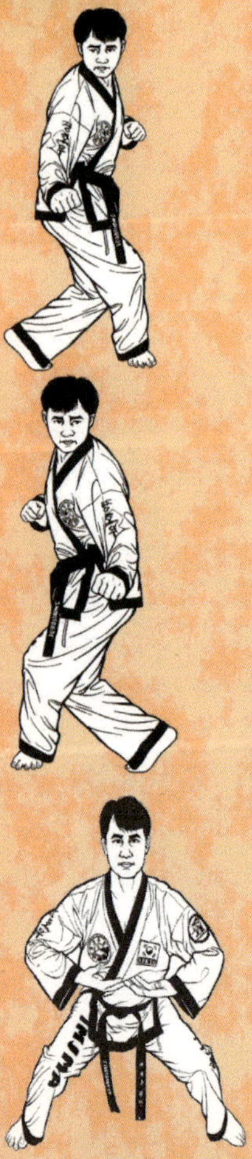

일족양수로오금당기기
허리당기기
외다리 걸고 당기기

양수내외 오금당기기

양수오금당겨 머리들기

경호무술

GUARD MILITARY

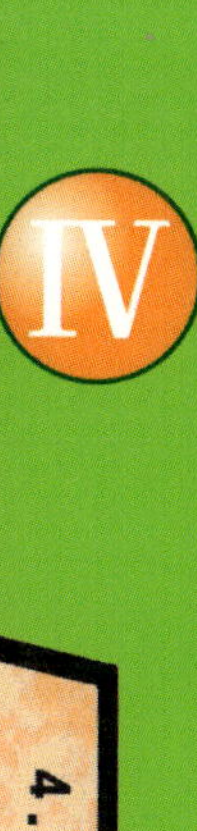

양수오금당겨 어깨밀치기

양수오금당겨
옆으로 꺾기

발목잡고 허벅지
밀어 던지기

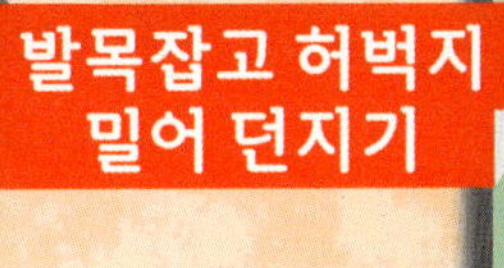

GUARD MILITARY
경호무술
11. 던지기법-혼용기술(15~17)
삼각팔굽당겨 조르기
삼각팔굽 깎지껴 꺾기

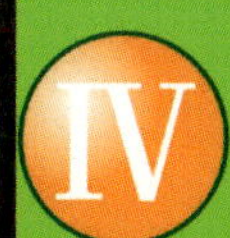

12. 던지기법-혼용기술 (18~20)

측전후 당기고
밀어 던지기

양무릎 전상방
밀어 던지기

어깨잡아 후상방
배들어 던지기

13. 던지기법-혼용기술 (21~23)

머리잡고 측면으로
배들어 던지기

뒤꿈치 대각
걸어 던지기

뒤꿈치 좌우 대각걸어
무릎 후상방 밀치기

십자꺽고 배들어 후측방 던지기

허리잡고 배들어 후상방 던지기

발감아 걸어 꺾어 던지기

183

발감아 꺾어 틀기

발감아 꺾어 던지기

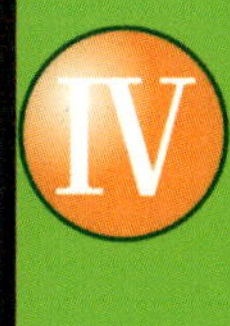

발감아 꺾어 비틀기

양족 뒤꿈치 대각
걸어 던지기

4. 경호무술호위호신술법1편

경호무술 4

호위호신술법1편

(6) 막기법설명 (예)

상대방이 잡기, 치기, 차기, 꺾기 등의 수족에 의한 공격이나 칼 각목과 같은 무기로 공격 시에 수족 및 호신장비를 이용한 초기 방어 기술을 말한다.

1. 막기법 1~2

Explanation-1

반원앞전환 후 반뒷굽서기 자세와 동시에 상대방의 뻗은 팔을 측면에서 양팔을 수직으로 뻗어 상대방의 팔에 강하게 밀착시켜 사진과 같이 막는다.

Explanation-2

반원뒷전환과 동시에 반평서기 자세 후 팔을 얼굴위 전상방으로 뻗는 동시에 상대방의 팔을 평팔장으로 내에서 외로 쳐 막는다.

2. 막기법 3~4

Explanation-3

반앞전환과 동시에 뒷서기 자세 후 양팔을 가슴높이로 올려 내에서 외로 외손목
굽자세로 상대방의 손목과 중팔목 부분을 쳐 감아 막는다.

Explanation-4

반앞전환과 동시에 뒷서기 자세 후 상대방의 손목부분을 오른손 외손목굽장 자
세로 하전방으로 쳐 막는다.

3. 막기법 5~7

Explanation-5

앞발 옆으로 내딛는 동시에 무릎
반평서기 자세 후 양손을 이용해
상대방의 무릎부분을 뒤로 감싸
잡아 막는다. 이때 상대방의 발목
을 어깨위로 걸치게 한 다음 무릎
을 구부리도록 당긴다.

Explanation-6

앞발을 옆으로 내딛는 동시
에 무릎반평서기 자세 후 왼팔
을 이용해 상대방의 무릎뒤축
부분을 세팔을 이용해 수직으
로 내리는 동시에 오른팔 평팔
굽장을 이용해 들어 올려 사진
과 같이 막는다.

Explanation-7

상대방의 무릎부분을 사진
과 같이 감아 막는다.

189

경호무술

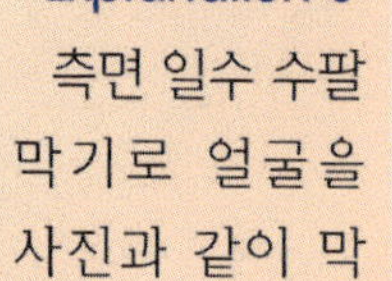

Explanation-8
측면 일수 수팔 막기로 얼굴을 사진과 같이 막는다.

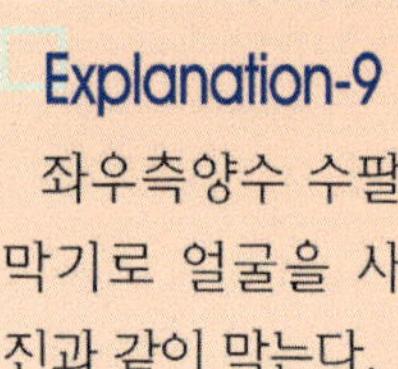

Explanation-9
좌우측양수 수팔 막기로 얼굴을 사진과 같이 막는다.

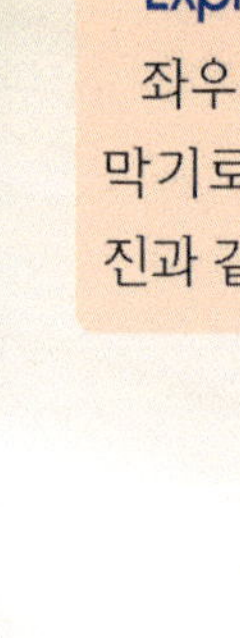

Explanation-10
정면 양수수팔막 기로 얼굴을 사진과 같이 막는다.

Explanation-11
좌우측 수팔막기
로 사진과 같이 얼
굴을 막는다.

Explanation-12
정면 양수 수팔
막기로 얼굴을 막
는다.

Explanation-13
손과 발을 엇갈
려 몸을 트는 동시
에 중단 몸통 막는
다.

Explanation-14
손발이 엇갈리게 하
여 얼굴을 막는다.

Explanation-15
몸통측면을 사진과
같이 막는다.

Explanation-16
상대방이 팔굽장으로 공격하려는 순간
사진과 같이 팔을 올려 얼굴을 막는다.

Explanation-17

상단막기로 얼굴을
막는다. 발과 손은 사
진과 같이 엇갈려있
다. 역습에 유리하다.
체중이 뒤에 있음.

▶ 체중이 앞에 있음.

▶ 체중이 중간에 있음.

경호무술

Explanation-20
양팔을 엇갈리게 하여 상대방의 손목을 손목굽으로 감싸잡아 공격을 막는다. 이때, 허리는 사진과 같이 뒤로 피한다.

Explanation-21
상대방의 공격을 피하기 위해 측후방으로 몸을 이동시키고 오른팔을 'ㄱ'자형태로 꺾어 막는다.

Explanation-22
좌우측 팔을 전상방으로 뻗어 상대방의 팔목을 밀쳐 막는다.

9. 막기법 23~24

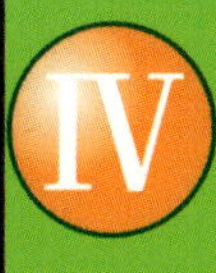

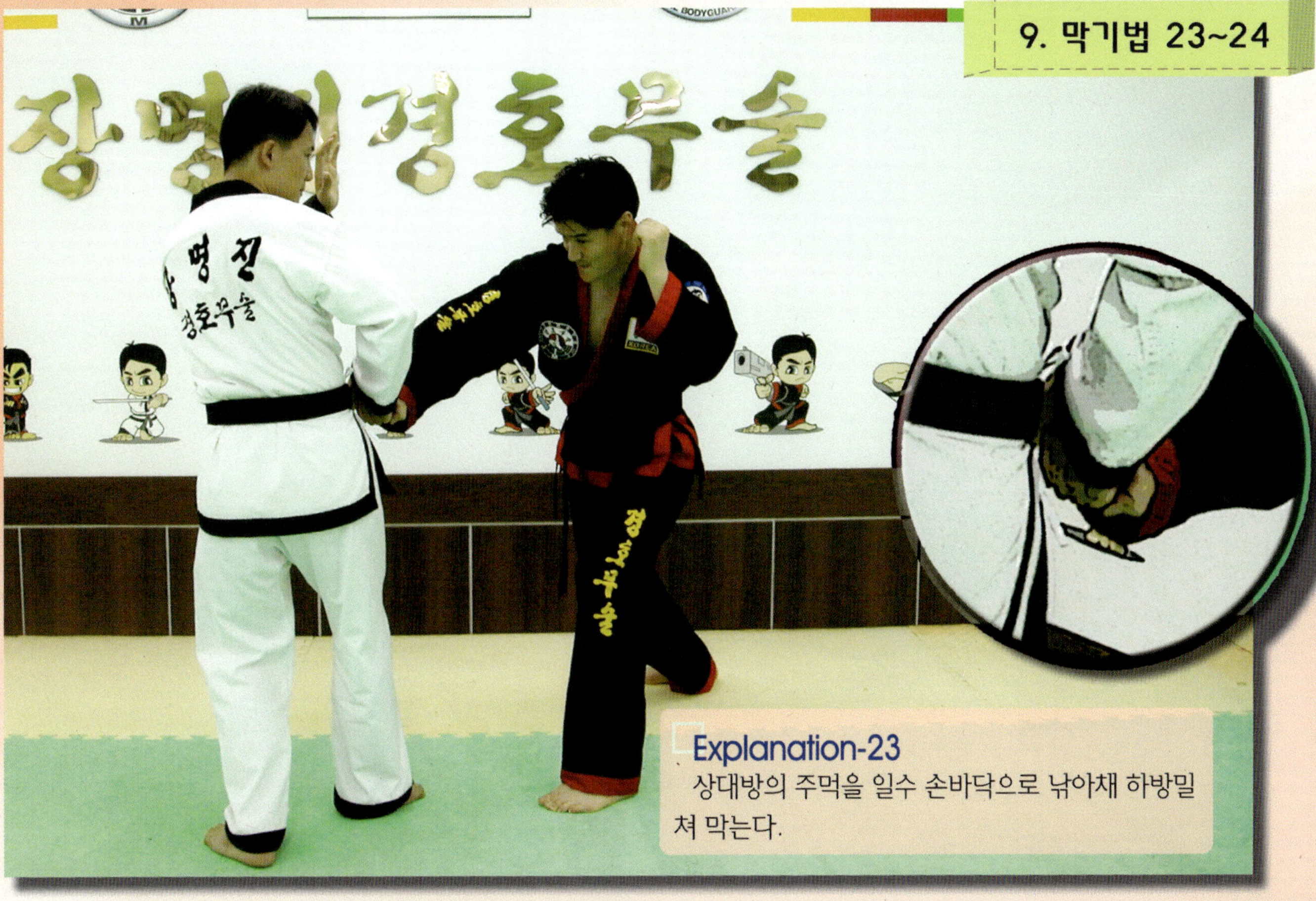

Explanation-23
상대방의 주먹을 일수 손바닥으로 낚아채 하방밀쳐 막는다.

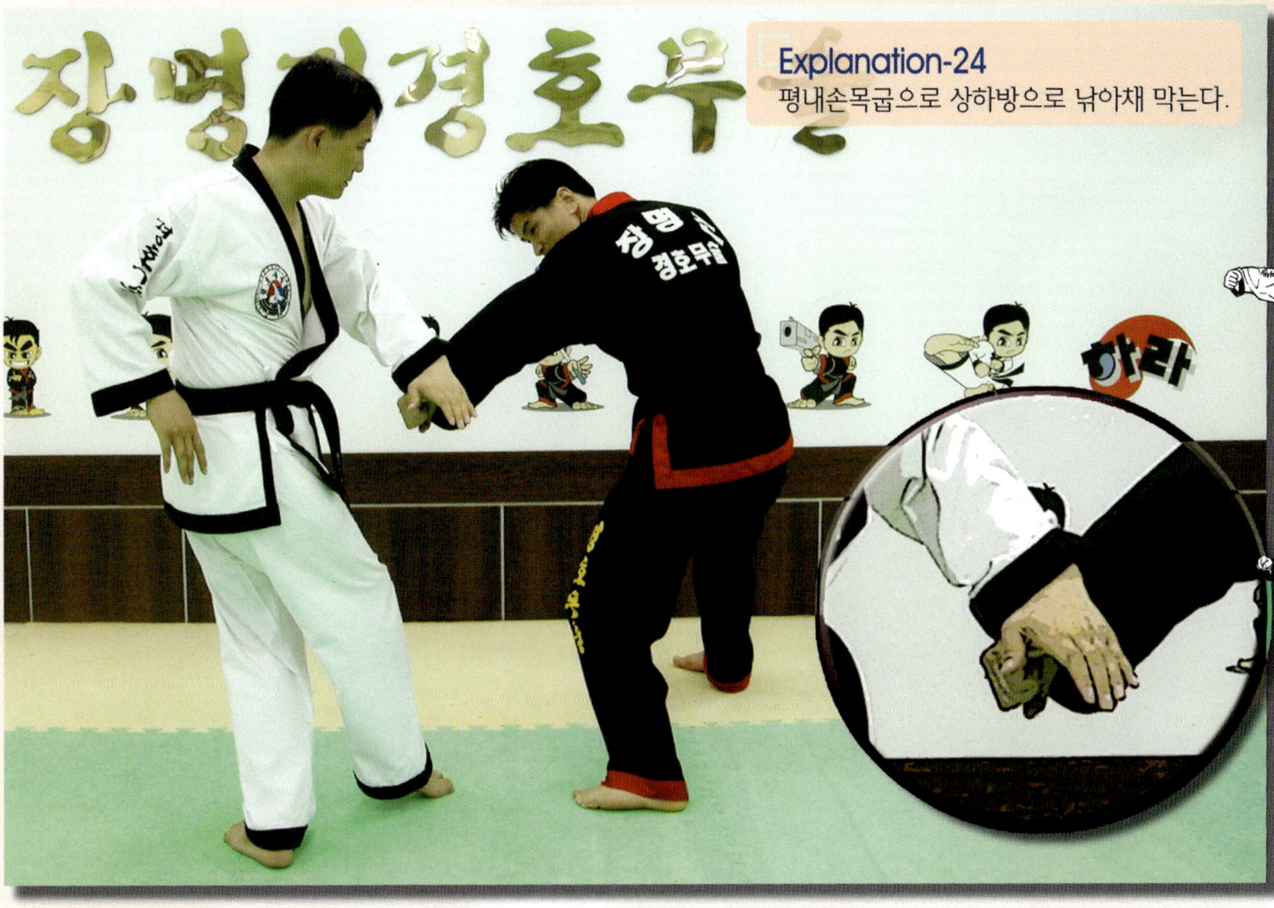

Explanation-24
평내손목굽으로 상하방으로 낚아채 막는다.

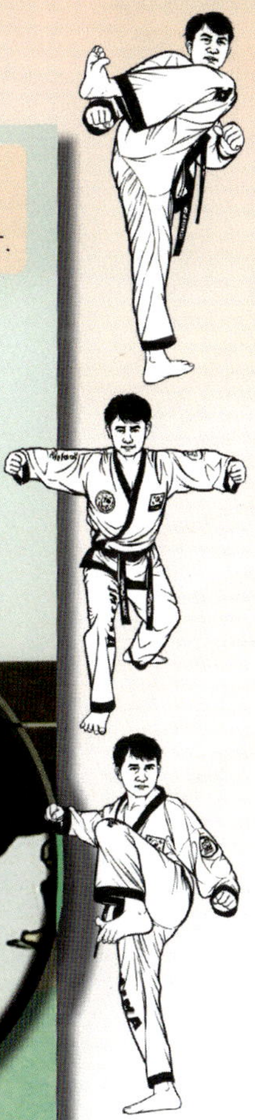

10. 막기법 25~26

Explanation-25

반원뒷전환 후 뒷굽서기 자세를 취하는 동시에 팔을 전상방으로 뻗어 상대방의 발목을 외손목굽으로 쳐 막는다.

Explanation-26

반원앞전환 후 반앞굽자세로 전환하는 동시에 삼각팔굽을 이용해 상대방의 발목을 감싸 잡은 다음 오른팔 외손목굽으로 무릎측면을 눌러 잡아 사진과 같이 막는다.

Explanation-27
팔굽으로 상대방의 발
차기로부터 얼굴을 사
진과 같이 막는다.

Explanation-28
팔굽으로 몸통측면을
사진과 같이 막는다.

Explanation-29
사진과 같이 몸을 틀
어 상대방의 발차기로
부터 몸통을 막는다.

12. 막기법 30~32

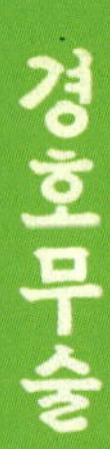

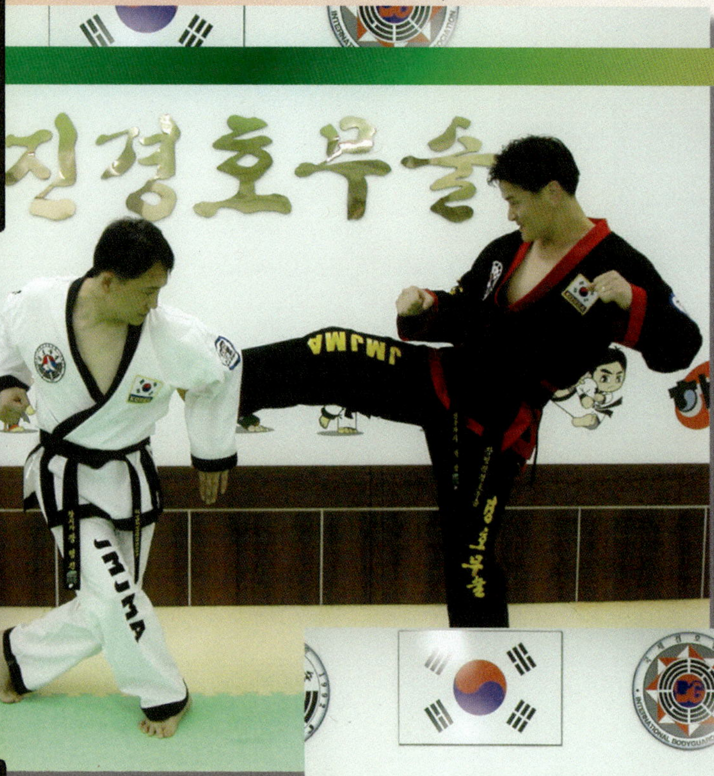

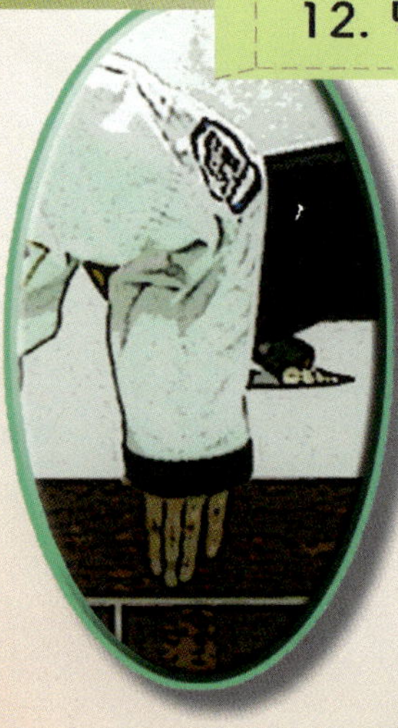

Explanation-30

사진과 같이 전교자세르 취하는 동시에 팔을 'ㄱ'자로 세워 상대의 뻗는 발을 막는다.

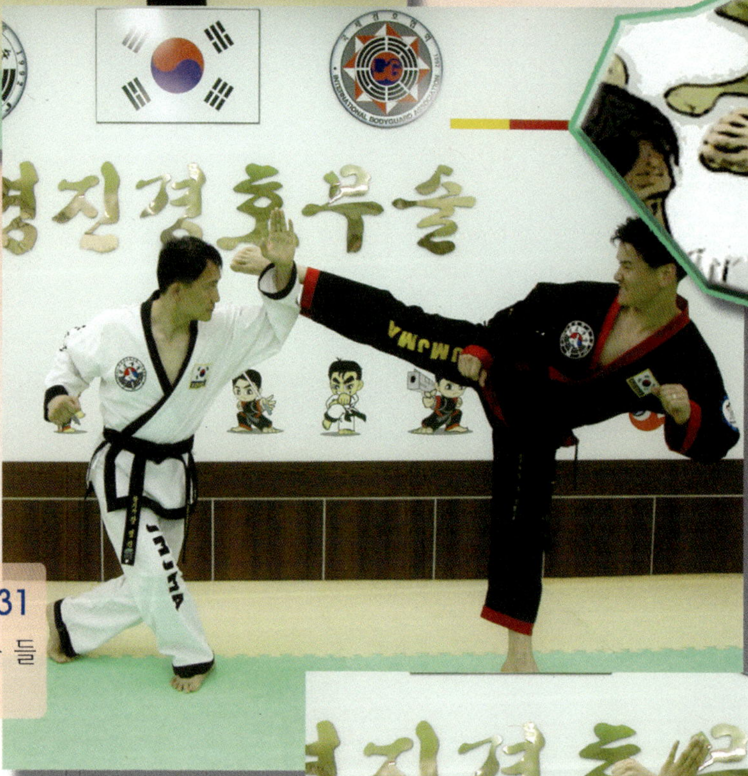

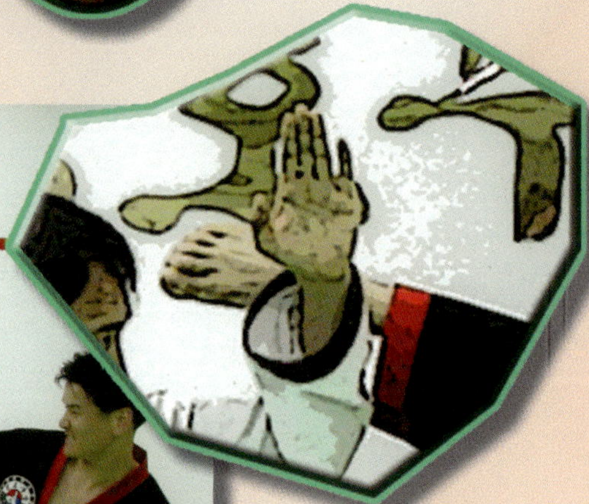

Explanation-31

사진과 같이 팔을 들어 얼굴을 막는다.

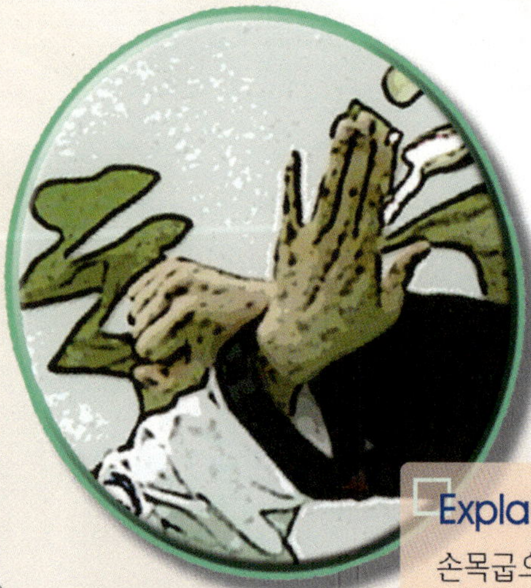

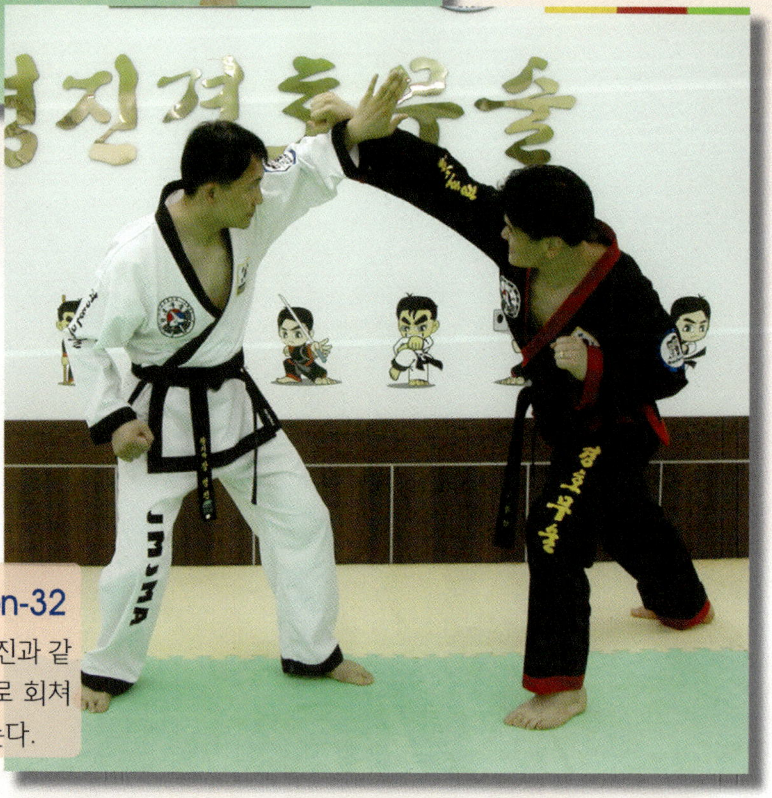

Explanation-32

손목굽으로 사진과 같이 안에서 밖으로 회쳐 돌려 얼굴을 막는다.

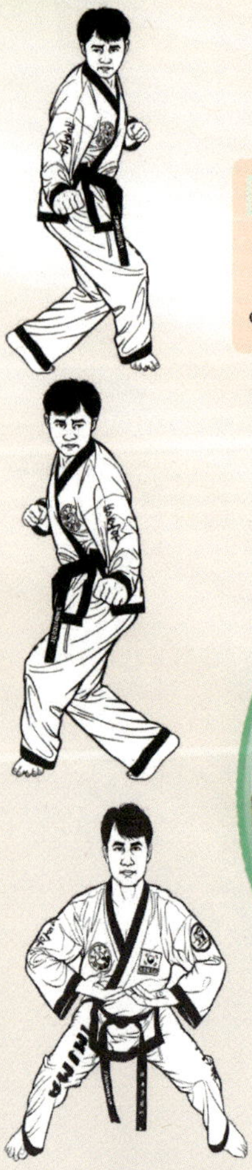

Explanation-33

양손바닥을 이용해 공격하는 상대방 발을 안에서 밖으로 전하방으로 밀쳐내 막는다.

Explanation-34

양손바닥을 이용하여 공격하는 상대방의 발을 안에서 밖으로 전방으로 밀

Explanation-35

공격하는 상대방의 팔을 밖에서 안으로 돌려 사진과 같이 막아 얼굴을 보호한다.

경호무술

Explanation-36

내손목굽으로 전하방으로 막아 몸통을 보호한다.

Explanation-37

양팔을 전하방으로 교차시켜 외손목굽으로 상대방의 발차기를 감싸 막는다.

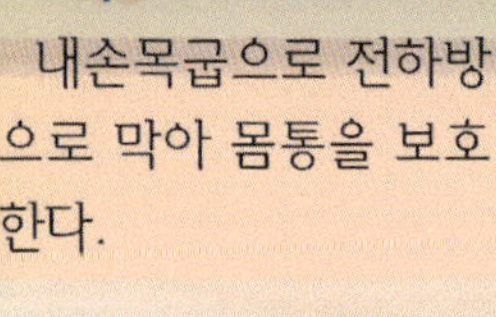

Explanation-38

양팔을 사진과 같이 교차시켜 상대방의 무릎차기로 부터 몸통을 막는다.

200

Explanation-39,40
양팔을 세워 붙여 무
릎차기 공격으로 부터
몸통을 막는다.

Explanation-41
양팔을 가로로 하여
상대방의 무릎차기 공
격으로 부터 몸통 및
목, 얼굴을 막는다.

경호무술

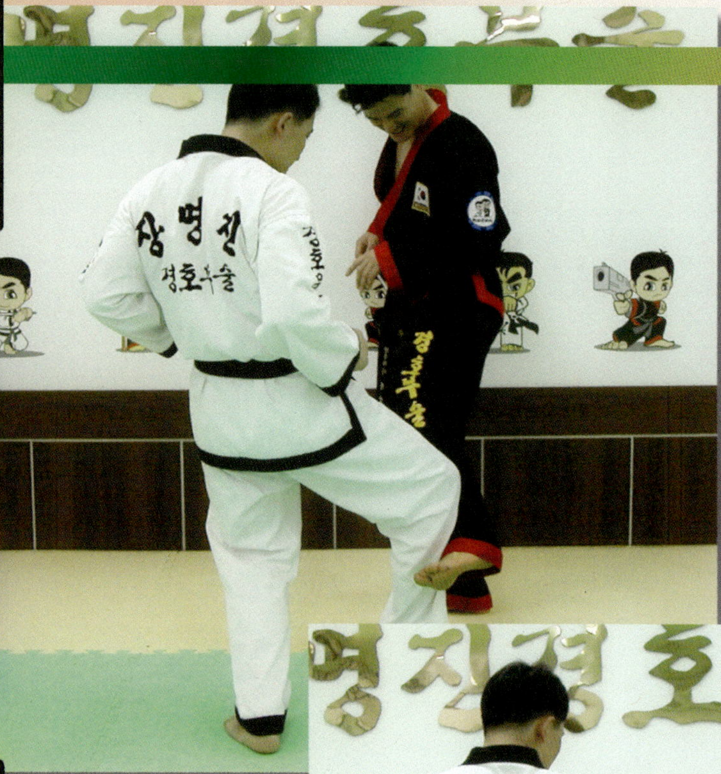

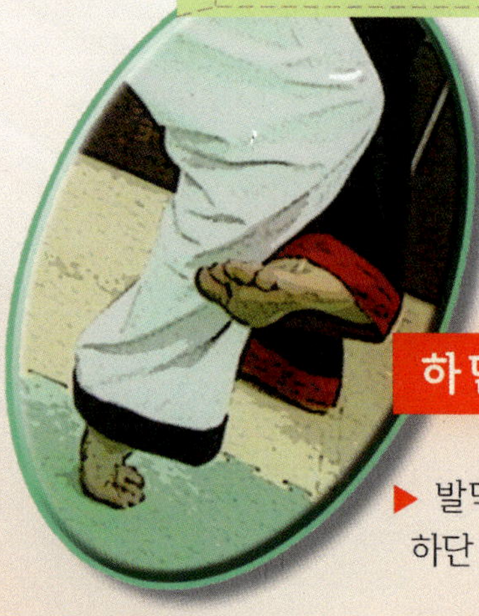

하단외로막기

▶ 발막기로 상대방의
하단 발차기를 막는다.

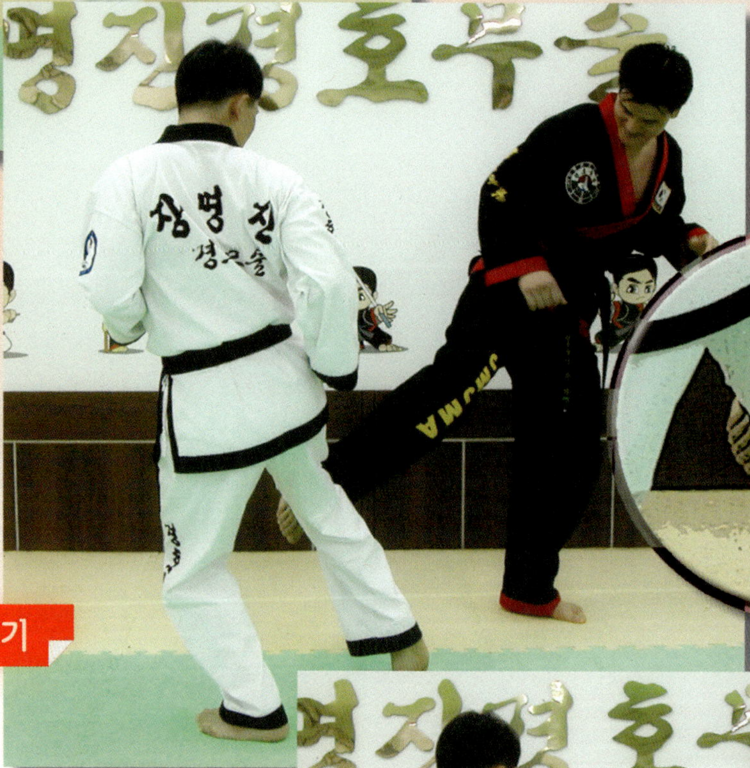

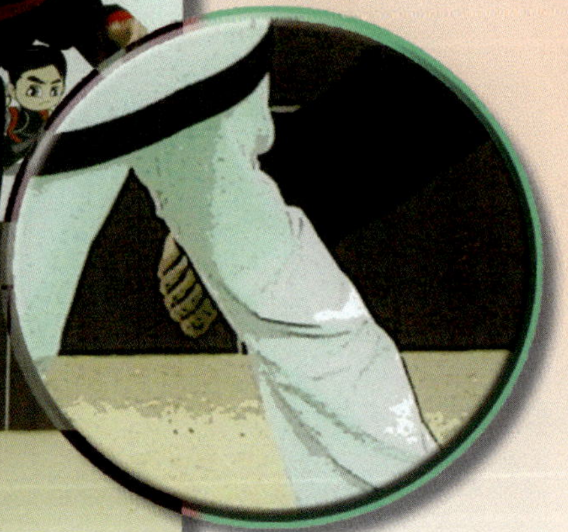

하단내로막기

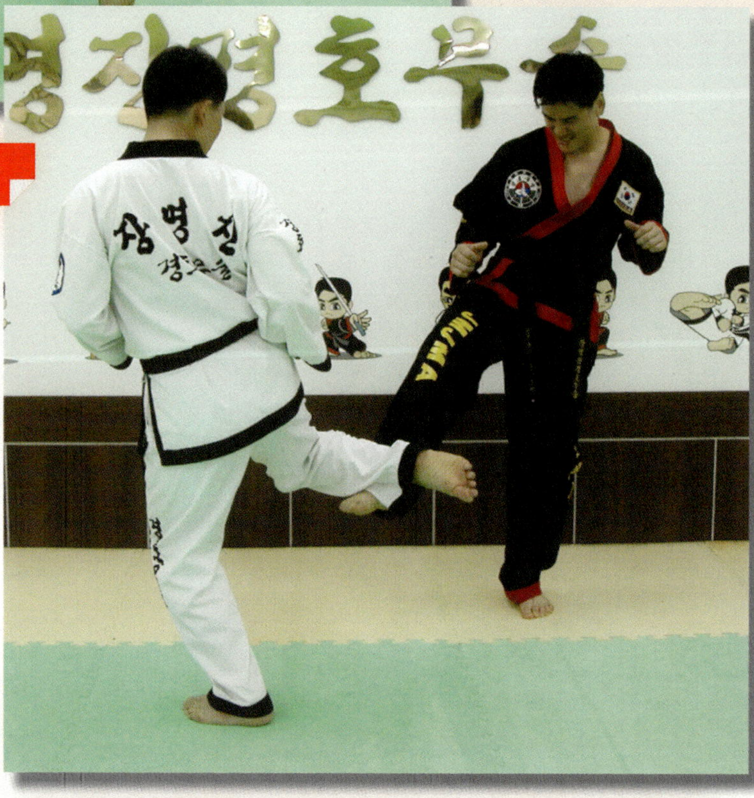

하단가로막기

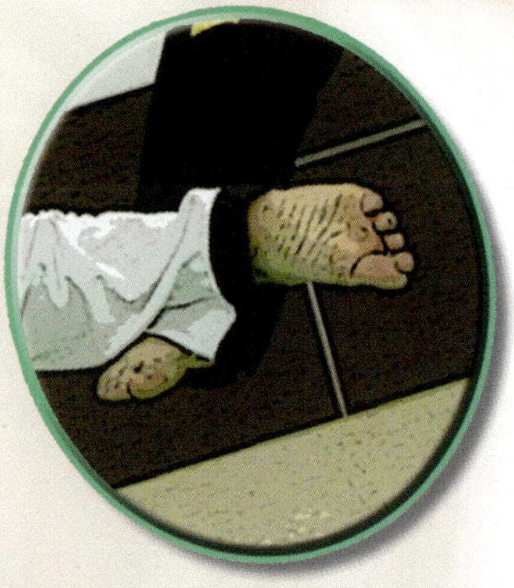

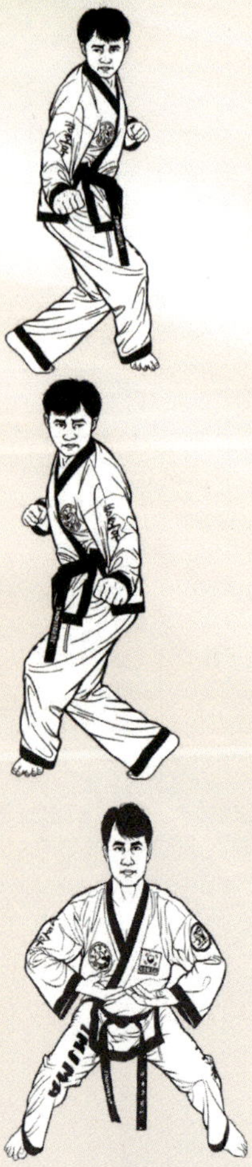

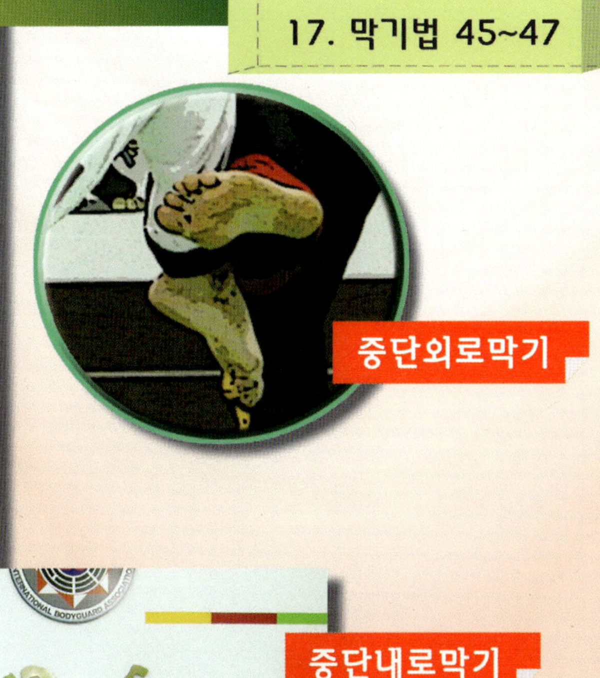

중단외로막기

중단내로막기

중단가로막기

4. 경호무술 호위호신술법1편

경호무술 4

호위호신술법1편

경호무술

(7) 무기막기법설명 (예)

1. 봉막기 (단봉1~3)

Explanation-1
무릎반평자세로 전환하는 동시에 외손목장을 이용하여 상대방의 손목을 후하방 대각으로 내려 막는다.

Explanation-2
반뒷굽서기 자세와 동시에 수장을 이용하여 상대방의 손등을 사진과 같이 전하방으로 내려 막는다.

Explanation-3
반원뒷전환 후 무릎평서기 전환과 동시에 외손목장으로 상대방의 손목을 전상방 수직으로 올려 사진과 같이 막는다.

2. 봉막기 (단봉4~6)

Explanation-4

앞발 내딛어 반앞굽서기 자세로 전환하는 동시에 평팔장으로 상대방의 손목을 아래에서 위로 올려 사진과 같이 막는다.

Explanation-5

앞발 앞으로 내딛어 반평무릎서기 자세로 전환하는 동시에 외손목으로 상대방의 손목을 전상방 대각으로 내에서 외로 사진과 같이 돌려막는다.

Explanation-6

앞발 앞으로 내딛어 앞굽서기자세를 전환하는 동시에 수장으로 상대방의 손을 전상방으로 사진과 같이 막는다.

3. 봉막기 (단봉7~10)

Explanation-7
앞발 앞으로 내딛어 반앞굽서기 자세를 취하는 동시에, 양수 외손목굽으로 상대방의 손목을 교차시켜 감싸 사진과 같이 막는다.

Explanation-8
앞발 앞으로 내딛어 앞굽서기 자세로 전환하는 동시에 배팔장으로 상대방의 손목을 아래에서 위로 사진과 같이 막는다.

Explanation-9
반원뒷전환 후 무릎반평서기 자세를 취하며, 배팔장으로 상대방의 팔을 내에서 외로 돌려 사진과 같이 막는다.

Explanation-10
반뒷굽서기 자세로 전환하는 동시에 상대방의 손목을 사진과 같이 외손목굽 자세로 내려 막는다.

207

Explanation-11

하단옆차기로 상대방의 손목을 사진과
같이 차 막는다.

Explanation-12

하단발차기로 상대방의 손
목 부분을 수평으로 사진과 같
이 차 막는다.

Explanation-13

하단발차기로 상대방의 중
팔목 부분을 전하방으로 내려
차 사진과 같이 막는다.

Explanation-1

앞발을 앞으로 내딛는 동시에 반앞굽서기 자세를 취하는 동시에 평팔장을 이용해 전상방으로 상대방의 팔을 내에서 외로 돌려 막는다.

Explanation-2

반원앞전환후 반앞굽서기 자세를 취하며, 평팔장으로 상대방의 손목부분을 전상방으로 내에서 외로 돌려 사진과 같이 막는다.

Explanation-3

앞발 앞으로 내딛는 동시에 앞굽서기 자세를 취하는 동시에 배팔장으로 아래에서 위로 상대방의 팔을 사진과 같이 막는다.

209

6. 봉막기 (중봉4~6)

Explanation-4

반원앞전환 후 무릎평서기
자세를 취하며, 중봉을 배팔장
을 세워 막기로 막는다.

Explanation-5

앞발 앞으로 내딛는 동시에
앞굽서기 자세와 동시에 평팔
장을 세워 상대방의 중봉을 사
진과 같이 막는다.

Explanation-6

반원바꿔앞전환 후 전교자
세를 취하는 동시에 내손목장
으로 상대방의 손목을 하후방
으로 내리쳐 막는다.

7. 봉막기 (증봉7~9)

Explanation-7

반뒷굽서기 자세와 동시에 외손목 및 배팔장으로 상대방의 팔을 측하방으로 사진과 같이 내려 막는다.

Explanation-8

뒷서기로 허리를 뒤로 하는 동시에 세팔장으로 상대방의 손목을 전하방으로 쳐 막는다.

Explanation-9

앞발을 앞으로 내딛는 동시에 앞굽서기 자세 후 배팔장으로 상대방의 팔을 수직으로 내리쳐 사진과 같이 막는다.

211

8. 봉막기 (중봉 10~12)

Explanation-10

앞발 앞으로 내딛는 동시에 앞굽서기 자세를 취하며, 팔을 머리위로 올리는 동시에 평팔장을 이용해 외로 사진과 같이 돌려 막는다.

Explanation-11

앞발 앞으로 내딛어 반앞굽서기 자세로 전환 후 외손목굽으로 상대방의 팔을 아래에서 위로, 내에서 외로 돌려 사진과 같이 막는다.

Explanation-12

반원앞전환 후 무릎평서기 자세 후 평팔장을 세워 상대방의 팔을 쳐 사진과 같이 막는다.

9. 봉막기 (중봉 13~15)

Explanation-13

대각으로 무릎평서기 자세를 취하는 동시에 오른손으로 상대방의 손목을 눌러 잡는다. 이때, 손의 자세는 삼각수도로 전하방으로 막는 동시에 잡는다.

Explanation-14

앞발 앞으로 내딛는 동시에 앞굽서기 자세 후 양팔을 전상방으로 뻗어 사진과 같이 교차시켜 막는다.

Explanation-15

앞발 앞으로 내딛는 동시에 앞굽서기 자세 후 평팔장을 전상방 내에서 외로 돌려 사진과 같이 막는다.

10. 봉막기 (중봉16~18)

Explanation-16

반원앞전환 후 무릎반평서
기 자세를 취하며, 수장으로
상대방의 손목을 전하방으로
사진과 같이 막는다.

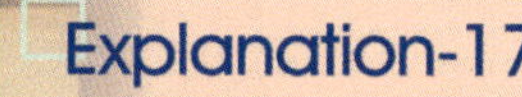

Explanation-17

반원앞전환 후 무릎반평서
기 자세를 취하며, 외손목장으
로 상대방의 손목을 사진과 같
이 수직으로 내려 막는다.

Explanation-18

반원앞전환 후 반앞굽서기
자세를 취하는 동시에 외손목
장으로 상대방의 중팔목을 사
진과 같이 내려 쳐 막는다.

11. 봉막기 (중봉19~21)

Explanation-19

반원뒷전환 후 반앞굽서기 자세로 전환 후 세팔장으로 상대방의 중팔목을 사진과 같이 내려 막는다.

Explanation-20

반원앞전환 후 무릎반평서기와 동시에 평팔장을 세워 수평으로 돌려 쳐 사진과 같이 막는다.

Explanation-21

반원앞전환후 무릎반평서기와 동시에 수장으로 상대방의 팔을 위에서 아래로 눌러 막는다.

12. 봉막기 (중봉22~24)

Explanation-22

앞발 앞으로 내딛어 앞굽서 기자세를 취하는 동시에 양팔을 전하방으로 교차시켜 상대방의 팔을 사진과 같이 막는다.

Explanation-23

무릎을 허리 높이로 들어 올리면서 사진과 같이 막는다.

Explanation-24

무릎을 허리 높이로 들어 올리면서 사진과 같이 내에서 외로 돌려 막는다.

216

13. 봉막기 (장봉1~3)

Explanation-1

반원바꿔앞전환하며, 전교자세를 유지하는 동시에 배팔장으로 위에서 아래로 상대방의 팔을 내려 막는다.

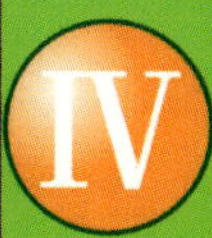

Explanation-2

앞발 앞으로 내딛어 앞굽서 기자세를 취하는 동시에 평팔장을 세워 아래에서 위로 내에서 외로 돌려 막는다.

Explanation-3

앞발 잎으로 내딛어 앞굽서 기자세를 취하는 동시에 세팔장으로 상대방의 팔을 아래에서 위로 올려 막는다.

14. 봉막기 (장봉 4~6)

Explanation-4

반앞전환 자세를 취하는 동
시에 평팔장을 세워 상대방의
봉을 사진과 같이 막는다.

Explanation-5

반원바꿔앞전환을 하는 동
시에 외손목장으로 상대방의
중팔목을 위에서 아래로 쳐 막
는다.

Explanation-6

반원바꿔앞전환을 하는 동시에
세수도로 상대방의 중팔목을 위
에서 아래로 쳐 막는다.

Explanation-7

발 앞으로 내딛어 앞굽서기자세를 유지하며, 양팔 배팔장을 얼굴높이로 세워 올려 사진과 같이 막는다.

Explanation-8

반원바꿔앞전환후 반앞굽서기 자세를 취하는 동시에 외손목으로 상대방의 왼팔을 내에서 외로 돌려 막는다.

Explanation-9

반원바꿔앞전환을 하는 동시에 평팔장을 얼굴 높이로 올려 세운 다음 내에서 외로 수평돌려 사진과 같이 막는다.

219

16. 봉막기 (장봉10~12)

Explanation-10

앞발 앞으로 내딛어 앞굽서기 자세를 취하는 동시에 오른팔 세팔장을 이용해 상대방의 중팔목을 전하방으로 막고, 왼팔의 평팔로 상대방의 봉을 사진과 같이 막는다.

Explanation-11

앞발 앞으로 내딛어 앞굽서기 자세를 취하는 동시에 오른팔의 외손목으로 상대방의 중팔목을 내리고 동시에 왼팔중관절부위로 상대방의 봉을 들어 올려 막는다.

Explanation-12

반앞전환 하는 동시에 양팔 평팔장을 얼굴 높이로 세워 올려 사진과 같이 막는다.

1. 검(칼) 막기 (단검1~3)

상대방이 잡기 치기 차기 꺾기등의 수족에 의한 공격이나 칼 각목과 같은 무기로 공격시에 수족 및 호신장비를 이용한 초기 방어 기술을 말한다.

Explanation-1

반원앞전환을 하는 동시에 외손목굽으로 상대방의 중팔목을 수직으로 눌러 사진과 같이 막는다.

Explanation-2

반원뒷전환을 하는 동시에 왼손목굽장으로 상대방의 손목을 수직으로 내려 쳐 막는다.

Explanation-3

반원뒷전환을 하는 동시에 내손목굽장으로 상내방의 필을 수직으로 내리 쳐 막는다.

경호무술 4
호위호신술법 1편

2. 검(칼) 막기 (단검4~6)

Explanation-4

반앞전환으로 도는 동시에 평팔을
세워 수평으로 돌려 사진과 같이 막는
다.

Explanation-5

앞발을 앞으로 약간 내딛는
동시에 평팔로 상대방의 팔을
사진과 같이 내려 막는다.

Explanation-6

반앞전환으로 도는 동시에
외손목장으로 상대방의 손목
을 측면으로 사진과 같이 막는
다.

3. 검(칼) 막기 (단검7~9)

Explanation-7
앞발을 전측방으로 내딛어 뒷굽서기 자세를 취하며, 외팔장으로 위에서 아래로 상대방의 팔을 내리쳐 막는다.

Explanation-8
반원바꿔앞전환과 동시에 반뒷굽서기 자세를 유지하면서, 외손목굽으로 상대방의 손목을 수직으로 내려 쳐 막는다.

Explanation-9
반원바꿔앞전환과 동시에 반앞굽서기 자세를 유지하면서 외팔장을 돌려 세워 막는다.

223

4. 검(칼) 막기 (단검10~12)

Explanation-10

앞발을 앞으로 내딛어 무릎반
평서기 자세를 취하면서 팔을 전
상방으로 뻗어 외손목굽으로 막
는다.

Explanation-11

반원뒷전환 후 앞굽서기 자
세를 취하는 동시에 외손목장
으로 상대방의 팔을 위에서
아래로 내리 쳐 막는다.

Explanation-12

앞발을 대각측면으로 내딛
는 동시에 세팔장을 세워 수평
으로 상대방의 팔을 돌려 쳐
막는다.

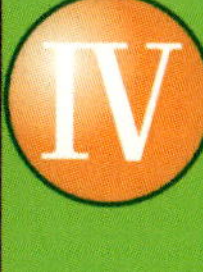

5. 검(칼) 막기(단검13~15)

Explanation-13

반원바꿔앞전환 후 반뒷굽
서기 자세를 취하며, 내손목굽
장으로 안에서 밖으로 쳐 사진
과 같이 막는다.

Explanation-14

앞발을 앞으로 내딛어 앞굽
서기 자세를 취하며, 내손목장
으로 위에서 아래로 상대방의
팔을 내리쳐 막는다.

Explanation-15

반원뒷전환 과 동시에 세평
팔장으로 사진과 같이 내려 막
는다.

6. 검(칼) 막기 (단검16~18)

Explanation-16

반원바꿔앞전환과 동시에 외손목굽으로 상대방의 중팔목을 사진과 같이 내리 쳐 막는다.

Explanation-17

반원바꿔앞전환과 동시에 반뒷굽서기 자세 후 외손목굽장으로 내에서 외로 상대방의 손목을 사진과 같이 쳐 막는다.

Explanation-18

반원바꿔앞전환 과 동시에 반앞굽서기 자세를 취하며, 세 팔장으로 세워 돌려 사진과 같이 쳐 막는다.

Explanation-19

앞발 앞으로 내딛는 동시에 무릎평서기 자세 후 외팔장으로 전상방 내서 위로 돌려 사진과 같이 막는다.

Explanation-20

반원뒷전환 과 동시에 외손 목자응로 상대방의 중팔목을 사진과 같이 위에서 아래로 내리 쳐 막는다.

Explanation-21

반앞전환 과 동시에 외손목 및 세팔장으로 상대방의 중팔 목을 대각으로 내리 쳐 막는다.

227

8. 검(칼) 막기 (단검22~24)

Explanation-22
뒷발을 뒤로 내딛는 동시에
무릎평서기 자세를 취하며, 내
손목굽으로 상대방의 손목을
하방 대각으로 내리 쳐 막는다.

Explanation-23
앞발을 대각으로 앞으로 내
딛는 동시에 평서기 자세를 취
하며, 세팔장으로 전상방 내에
서 외로 돌려 막는다.

Explanation-24
반원바꿔앞전환으로 전환하
는 동시에 외손목으로 상대방
의 손목을 감아 내려 막는다.

9. 검(칼) 막기 (단검25~27)

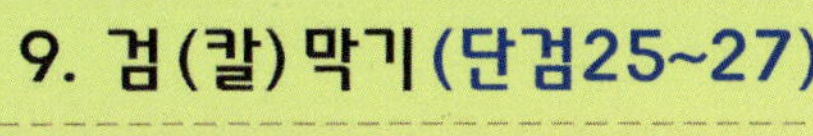

Explanation-25

반원바꿔앞전환과 동시에 내팔장으로 상대방의 팔을 하평으로 쳐 막는다.

Explanation-26

반원뒷전환 과 동시에 외팔장으로 상대방의 손목을 하평으로 쳐 막는다.

Explanation-27

앞발을 대각으로 내딛는 동시에 팔을 머리위로 올려 상대방의 팔을 내손목굽으로 막는다.

10. 검(칼) 막기(단검28~30)

Explanation-28

앞발을 앞으로 내딛는 동시
에 외팔장으로 위에서 하전방
으로 내리 쳐 막는다.

Explanation-29

앞발을 전측방으로 내딛는
동시에 팔을 위로 뻗어 외손목
자세로 상대방의 손목을 전상
방으로 막는다 .

Explanation-30

대각반원앞전환자세와 동시
에 외손목장으로 상대방의 손
목을 하전방으로 쳐 막는다.

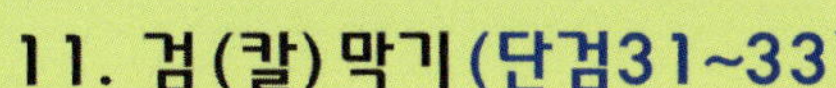

Explanation-31

앞발 앞으로 내딛어 앞굽서기 자세를 취해주며 외팔장을 이용해 상대방의 손목을 사진과 같이 막는다.

Explanation-32

앞발 앞으로 내딛는 동시에 반앞굽자세를 유지하며, 양팔을 전상방으로 교차시켜 뻗어 상대방의 팔을 막는다.

Explanation-33

반원뒷전환과 동시에 앞굽서기 자세에서 양팔을 교차시켜 상대방의 팔을 전하방으로 막는다.

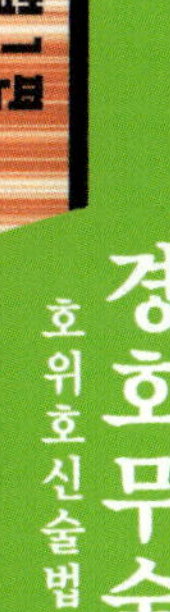

GUARD MILITARY

경호무술

Explanation-1

반원뒷전환으로 전환하여 반뒷굽서기로 자세를 취하는 동시에 내손목굽장으로 위에서 대각으로 상대방의 손목을 쳐 막는다.

Explanation-2

앞발 앞으로 내딛어 앞굽자세를 취하며, 수장으로 상대방의 손을 밀어 막는다.

Explanation-3

반원뒷전환 후 반뒷굽서기 자세를 취하는 동시에 내손목장으로 위에서 아래로 상대방의 손목을 내리 쳐 막는다.

13. 검(칼) 막기 (장검4~6)

Explanation-4

반뒷전환 과 동시에 외팔장을 세워 상대방의 칼등을쳐 막는다.

Explanation-5

반뒷전환 후 무릎반평서기 자세를 취하고 ,동시에 내손목 장으로 상대방의 손목을 위에 서 내리 쳐 막는다.

Explanation-6

앞발을 앞으로 내딛는 동시에 팔을 머리위로 뻗어 배내손목급 으로 상대방의 칼등을 안에서 밖으로 팔으로 돌려 막는다.

14. 검(칼) 막기 (장검7~9)

Explanation-7
반원뒷전환 후 무릎반평서
기 자세를 취하며, 동시에 팔
을 머리위로 뻗어 외손목굽으
로 상대방의 손목을 사진과 같
이 쳐 막는다.

Explanation-8
반원뒷전환 과 동시에 내팔
장으로 상대방의 칼등을 내려
쳐 막는다.

Explanation-9
앞발을 앞으로 내딛는 동시
에 팔을 머리위로 올려 외팔장
으로 내에서 외로 칼날 측면을
밀어 쳐 막는다.

15. 검(칼) 막기 (장검10~12)

Explanation-10

반원뒷전환 후 반뒷굽서기와 동시에 왼손바닥으로 칼측면을 눌러 막고 오른팔은 외팔장으로 상대방의 손목을 내리쳐 막는다.

Explanation-11

반뒷전환과 동시에 양팔을 가슴높이로 올려 외팔장으로 상대방의 칼날 측면을 내려 막는다.

Explanation-12

반원뒷전환 후 반뒷굽서기와 동시에 상대방의 칼날 측면을 양손등으로 돌려 막는다.

16. 검(칼) 막기(장검13~16)

Explanation-13

앞발을 앞으로 내딛는 동시에 오른팔 외팔장으로 상대의 손목을 내리 쳐 막는 동시에 오른팔로는 상대방의 칼날 측면을 밖으로 밀어 막는다.

Explanation-14

반원바꿔앞전환과 동시에 양손으로 상대방의 칼등을 내려 눌러 막는다.

Explanation-15

반원뒷전환 후 무릎반평서기 자세를 취하는 동시에 팔을 머리위로 뻗어 양세팔장으로 돌려 막는다.

Explanation-16

반원뒷전환과 동시에 팔을 교차시켜 상대방의 칼날 측면을 밀착시켜 막는다.

Explanation-1

반뒷전환과 동시에 세팔자 응로사진과 같이 상대방의 손목을 쳐 막는다.

Explanation-2

반원앞전환 동시에 외손목 굽으로 올려 쳐 막는다.

Explanation-3

반뒷전환과 동시에 무릎반 평자세를 취하며, 외팔장으로 상대방의 손목을 내에서 외로 돌려 쳐 막는다.

2. 권총막기 (4~6)

Explanation-4
반앞전환과 동시에 무릎평
서기 자세를 취하며, 내손목장
으로 상대방의 손목을 측면으
로 쳐 막는다.

Explanation-5
반뒷전환과 동시에 반뒷굽
서기 자세를 취하며, 세팔장으
로 사진과 같이 상대방의 팔을
내에서 외로 돌려 쳐 막는다.

Explanation-6
반원뒷전환으로 전환하는 동시
에 전교자세를 취하여 외손목장
으로 위에서 아래로 상대방의 손
목을 내리 쳐 막는다.

3. 권총막기 (7~10)

Explanation-7
반원뒷전환으로 전환 후 반뒷굽서기 자세를 취하며, 내손목장으로 상대방의 손목을 내리 쳐 막는다.

Explanation-8
반뒷전환과 동시에 외손목굽장으로 상대방의 손목을 위에서 아래로 내리 쳐 막는다.

Explanation-9
앞발을 전측방으로 내딛는 동시에 양팔을 전하방으로 상대방의 손목을 교차시켜 막는다.

Explanation-10
앞발을 전측방으로 내딛는 동시에 양팔을 전하방으로 내뻗어 교차시킨 다음 상대방의 손목을 막는다.

(8) 무기공격법

상대방이 칼이나 각목 또는 총기류와 같은 무기를 소지하여 공격하거나 상대가 다수인경우에 경호호신장비 등을 이용하는 기술을 말한다. 봉의 종류는 단봉, 중봉(삼단봉), 장봉 등으로 구분되는데 길이의 차이라고 할 수 있다. 봉의 재질은 나무나 금속성 재질로 된 것으로서 가능한 가벼우면서 강도가 강한 것일수록 좋다. 일반적으로 수련시에 사용하는 봉과 실전에서 사용하는 봉이 다를 수 있다. 물론 호신을 대비하여 평소 수련하던 봉을 소지하였다가 사용하는 경우를 제외하는 실전상황은 주변에 무기로 삼을 수 있는 각목이나 쇠파이프와 같이 유사한 봉을 급조하여 사용할 수 밖에 없다. 중요한 점은 이같은 급조된 무기를 평소수련한 무기공격 기술이 자연스럽게 상황전개에 따른 체현이 된다는 점이다.

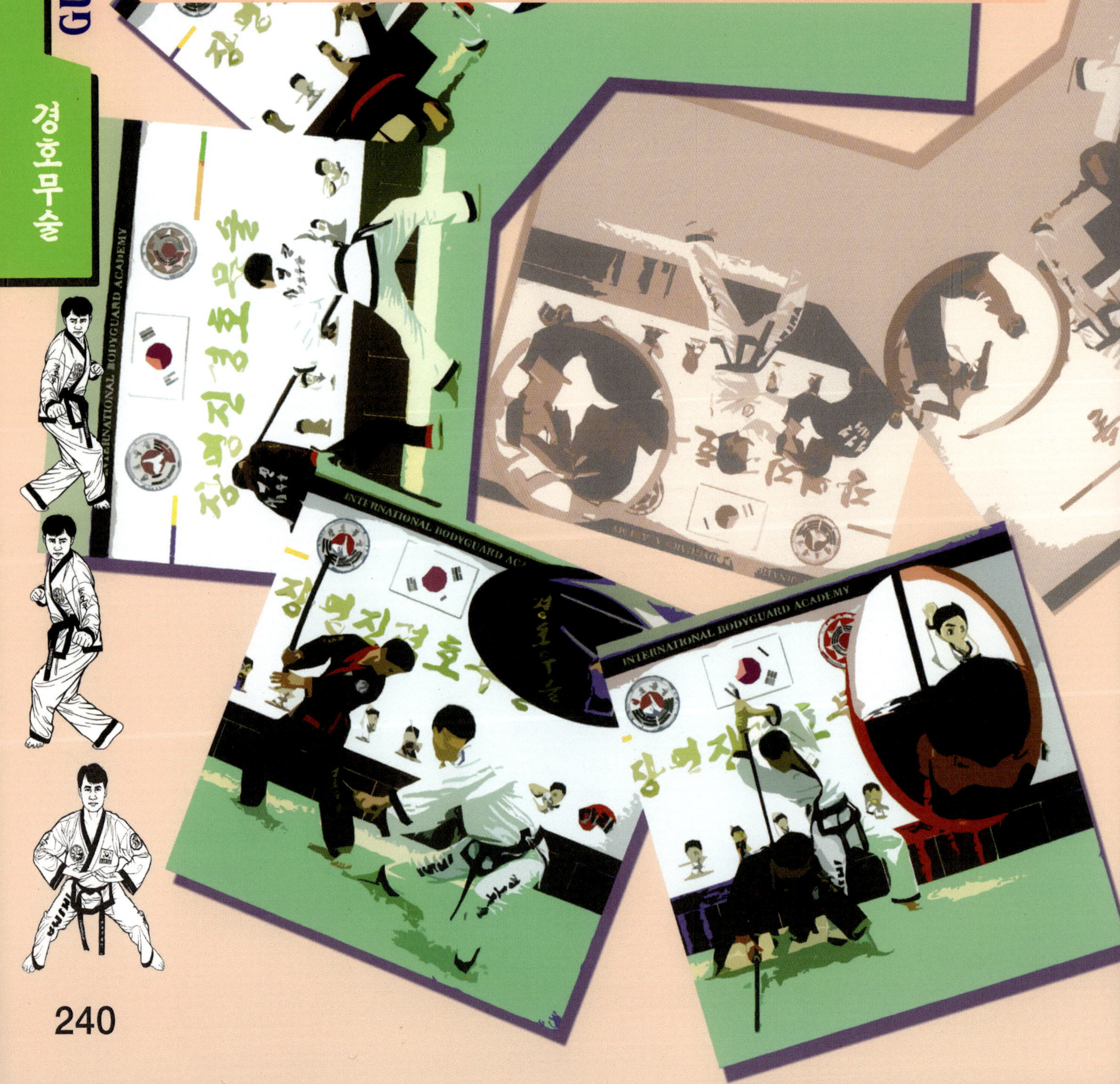

(1) 봉공격법설명 (예)

1. 단봉공격(단봉1~3)

Explanation-1

반원뒷전환 후 무릎평서기 자세와 동시에 단봉끝으로 상대방의 관자놀이 급소를 수평으로 찍는다.

Explanation-2

앞발을 앞으로 내딛는 동시에 팔을 들어 단봉끝으로 상대방의 눈을 전상방으로 찌른다.

Explanation-3

반원뒷전환과 동시에 무릎평서기 자세에서 단봉끝으로 목을 내려 찍는다.

2. 단봉공격 (단봉4~5)

Explanation-4

앞발을 앞으로 내딛는 동시에 왼손으로 상대방의 뒷머리를 움켜 잡아 뒤로 당기는 동시에 오른손 단봉끝을 수직으로 내려 상대방의 눈을 찌른다.

Explanation-5

반뒷전환을 이용하여 뒷굽서기 자세에서 단봉끝을 전수평으로 상대방의 목을 찌른다.

1. 중봉공격 (중봉1~3)

Explanation-1

뒷굽서기 자세에서 삼단봉을 전상방으로 돌려 쳐 상대방의 손목을 가격해 친다.

Explanation-2

뒷굽서기 자세에서 삼단봉을 전하방으로 내려 쳐 상대방의 중팔목을 가격해 친다.

Explanation-3

앞굽서기 자세에서 삼단봉을 전하방 대각으로 내려 쳐 상대방의 무릎측면을 가격해 친다.

243

경호무술

2. 중봉공격 (중봉4~6)

Explanation-4

무릎평서기 자세에서 삼단봉을 위에서 대각으로 상대방의 목측면을 친다.

Explanation-5

앞굽서기 자세에서 삼단봉을 전수평으로 뻗어 쳐 상대방의 명치 복부를 가격한다.

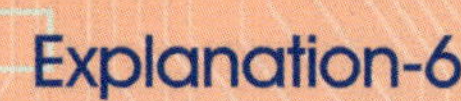

Explanation-6

무릎평서기 자세에서 삼단봉을 전상방으로 뻗어 삼단봉 끝부분으로 상대방의 눈을 찌른다.

244

3. 중봉막기 (중봉7~9)

Explanation-7

무릎평서기 자세에서 삼단봉 끝부분을 이용하여 상대방의 목부위에 정면으로 찌른다.

Explanation-8

앞굽서기 자세에서 삼단봉을 전상방 대각으로 올려 쳐 상대방의 허벅지 내측부분을 가격하여 친다.

Explanation-9

앞굽서기 자세에서 팔을 꺾어 등뒤로 90° 올려 잡은 다음 삼단봉으로 목뒤를 수직으

4. 중봉공격(중봉10~12)

Explanation-10

무릎평서기 자세에서 상대방의 손목을 꺾어 등뒤로 팔이 90° 로 꺾이게 한 다음 상대방의 중팔목을 삼단봉으로 전수평으로 친다.

Explanation-11

반앞굽서기 자세에서 왼손으로 상대방의 손목을 내에서 외로 돌려 꺾는 동시에 상대방의 중팔목을 삼단봉으로 내려친다.

Explanation-12

반뒷굽서기 자세에서 왼손으로 상대방의 손목을 내에서 외로 돌려 꺾는 동시에 상대방의 목뒤를 삼단봉 손잡이 끝부분으로 내려 찍는다.

5. 중봉공격(중봉13~15)

Explanation-13

무릎평서기 자세에서 왼손으로는 상대방의 손목을 꺾어 어깨위로 올려 누르고 오른손으로는 삼단봉 손잡이 끝부분으로 상대방의 등뒤를 찍는다.

Explanation-14

반앞굽서기 자세에서 왼손으로는 상대방의 손목을 꺾어 팔을 등뒤로 90° 되게 올려 잡고 오른손은 삼단봉으로 머리를 친다.

Explanation-15

반앞굽서기 자세에서 왼손으로는 상대방의 손목을 꺾어 팔을 등뒤로 90° 되게 올려 잡고 오른손으로는 사진과 같이 삼단봉 끝으로 등을 찍어 내린다.

247

6. 중봉공격 (중봉16~18)

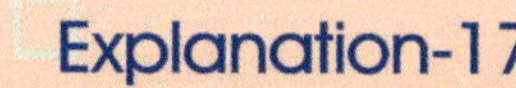

Explanation-16

반앞굽자세에서 상대방의 손목을 꺾어 등뒤로 돌려 밀착시킨다. 이 때, 중팔목을 꺾고, 그 사이로 삼단 봉 끝을 아래에서 위로 집어 넣어 들어 올려 완전하게 팔을 꺾는다.

Explanation-17

반앞굽서기 자세에서 삼단 봉을 상대방 목부위에 걸리도 록 가로로 잡은 다음 등뒤로 당겨 목을 조른다.

Explanation-18

반앞굽서기 자세에서 상대방의 등 뒤에 위치하고 양팔을 상대방의 겨 드랑이 사이로 뻗어 삼단봉을 목뒤 가로로 잡은 다음 양팔을 지렛대와 같이 틀어 꺾는다.

7. 중봉공격(중봉19~21)

Explanation-19

반평서기 자세에서 상대방의 전측에 위치하여 사진과 같이 삼단봉을 상대방의 목주위로 가로로 돌려 잡은 다음 측후방 몸쪽으로 당겨 조른다.

Explanation-20

무릎평서기 자세에서 삼단봉을 이용해 상대방의 무릎측면을 전측방으로 친다.

Explanation-21

반뒷전환과 동시에 삼단봉으로 상대방의 손목을 전측방 대각으로 힘차게 찬다.

8. 중봉공격(중봉22~24)

Explanation-22
무릎반평서기 자세에서 삼단봉을 이용해 상대방의 중팔목을 사진과 같이 힘차게 수직으로 내리친다.

Explanation-23
뒤굽서기자세에서 삼단봉을 이용해 상대방의 손목을 전상방 대각으로 친다.

Explanation-24
앞굽서기자세에서 상대방의 목측면을 대각으로 힘차게 친다.

9. 중봉공격 (중봉25~27)

Explanation-25
무릎반평서기 자세에서 삼단봉을 이용하여 총열부분을 전상방으로 올려 친다.

Explanation-26
반원뒷전환과 동시에 삼단봉을 위에서 아래로 대각으로 총열을 내리친다.

Explanation-27
반앞전환과 동시에 삼단봉을 상대방의 손목을 힘차게 내리친다.

251

10. 중봉공격 (중봉28~30)

Explanation-28
반원뒷전환과 동시에 삼단
봉으로 상대방의 손목을 대각
으로 내리친다.

Explanation-29
반앞전환과 동시에 상대방
의 중팔목을 대각으로 내리친
다.

Explanation-30
앞발 앞으로 내딛는 동시에 앞굽서
기 자세에서 삼단봉으로 전하방으로
상대방의 목측면을 대각으로 내리친
다.

11. 중봉공격 (중봉31~33)

Explanation-31

반원뒷전환과 동시에 상대방의 목뒤를 삼단봉으로 수직으로 내리친다.

Explanation-32

반앞굽서기 자세에서 왼손목을 잡아 등뒤로 90° 되게 꺾는 동시에 오른손으로는 삼단봉을 이용해 중팔목을 수평으로 친다.

Explanation-33

앞굽서기 자세에서 왼손목을 꺾어 잡아 등뒤로 90° 되게 꺾는 동시에 오른손으로는 삼단봉을 이용해 목뒤를 수직으로 내리친다.

12. 중봉공격 (중봉34~36)

Explanation-34
무릎평서기 자세와 동시에 오른손으로는 삼단봉을 이용해 상대방의 목을 전상방으로 강하게 찌른다.

Explanation-35
무릎평서기 자세와 동시에 오른손으로는 삼단봉을 이용해 상대방의 명치를 전수평으로 강하게 찌른다.

Explanation-36
무릎평서기 자세와 동시에 삼단봉으로 상대방의 목측면을 전측방으로 강하게 친다.

13. 중봉공격 (중봉37~38)

Explanation-37
무릎평서기 자세와 동시에 삼단봉으로 상대방의 중팔목을 대각으로 내려친다.

Explanation-38
무릎평서기 자세와 동시에 삼단봉으로 상대방의 눈을 향해 전상방으로 찌른다.

14. 중봉공격 (중봉39~40)

Explanation-39
무릎평서기 자세와 동시에 삼단봉으로 상대방의 무릎내측면을 사진과 같이 강하게 친다.

Explanation-40
무릎평서기 자세와 동일하게 삼단봉으로 상대방의 무릎외측면을 사진과 같이 강하게 친다.

1. 장봉공격 (장봉1~3)

Explanation-1
뒷굽서기 자세에서 양손으로 봉을 잡아 위에서 아래로 상대방의 목측면을 대각으로 내려 친다.

Explanation-2
앞굽서기 자세에서 양손으로 봉을 잡아 전상방으로 뻗어 상대방의 목을 힘차게 찌른다.

Explanation-3
반뒷굽서기 자세에서 양손으로 봉을 잡아 상대방의 머리를 위에서 아래로 강하게 내리 친다.

2. 장봉막기 (장봉4~6)

Explanation-4

앞굽서기 자세에서 양손으로 봉을 잡아 머리 위로 올린 다음 상대방의 얼굴을 전수평으로 힘차게 찌른다.

Explanation-5

무릎반평서기 자세에서 양손으로 봉을 잡은 다음 상대방의 목측면을 위에서 아래로 대각 내려친다.

Explanation-6

전교자세에서 양손으로 봉을 잡아 전상방으로 상대방의 명치를 찌른다.

3. 장봉공격 (장봉7~8)

Explanation-7

전교무릎자세에서 한손으로 봉을 잡고 상대방 무릎의 외측면을 강하게 돌려 찬다.

Explanation-8

무릎반평서기 자세에서 양손으로 봉을 잡은 다음 상대방 무릎외측면을 위에서 아래로 대각 내려 친다.

1. 칼(검)공격(단검1~3)

Explanation-1
앞굽서기 자세에서 상대방의 목동맥
을 위에서 아래로 대각으로 벤다.

Explanation-2
무릎평서기 자세에서 칼을
반대로 잡아 찌르기 쉽도록 잡
은 다음 심장, 폐, 간, 목등을
찌른다.

Explanation-3
앞굽서기 자세에서 사진과
같이 칼을 목에 대어 왼쪽에서
오른쪽으로 수평으로 그어 벤
다.

2. 칼(검) 공격 (단검4~6)

Explanation-4

무릎반평서기 자세에서 칼을 반대로 잡
아 상대방의 목동맥을 위에서 대각 아래
로 벤다. (통상, 베기는 찌르기와는 달리
상처가 깊지 않아 상처 회복이 빠르다.
그러나 신경조직이나 동맥혈관, 아킬레
스건 등을 베게 되면 수분안에 죽을 수도
있다.)

Explanation-5

반평서기 자세에서 상대방
의 명치 전측방으로 돌려 찌른
다. (살상을 위해서는 심장이
나, 폐, 간등을 찌르는 것이
효과적이다. 특히, 이곳들은
단 1회의 찌르기 만으로 살상
이 충분하다.)

Explanation-6

반평서기 자세에서 상대방
의 허벅지를 전수평으로 찌른
다. (제압을 위한 찌르기는 허
벅지와 같이 근육이 많은 부위
를 찌르고 가능한 혈관이나 신
경 아킬레스건과 같은 곳이 닿
지 않도록 한다)

1. 칼(검) 공격 (장검1~3)

Explanation-1

앞굽서기 자세에서 검을 상
대방의 목측면을 위에서 아래
로 하전방 대각으로 벤다.

Explanation-2

반앞굽서기 자세에서 검을
전상방으로 뻗어 상대방의 목
을 정면으로 찌른다.

Explanation-3

앞굽서기 자세에서 검을 전
상방으로 뻗어 상대방의 목을
벤다.

2. 칼(검) 공격 (장검4~6)

Explanation-4

무릎반평서기 자세에서 검을 아래에서 위로 상대방의 목을 전상방 대각으로 벤다.

Explanation-5

앞굽서기 자세에서 검을 한 손으로 바꿔 잡은 상태에서 위에서 아래로 상대방의 목을 사진과 같이 대각으로 벤다.

Explanation-6

앞굽서기 자세에서 검을 한 손으로 바꿔 잡은 상태에서 아래에서 위로 상대방의 목을 사진과 같이 대각으로 벤다.

263

Explanation-7
반뒷굽서기 자세에서 검을 위에서 아래
로 상대방의 목을 수직으로 벤다.

Explanation-8
반앞굽서기 자세에서 검을
수평으로 유지하면서, 상대방
의 복부를 전측방으로 벤다.

Explanation-8
앞굽서기 자세에서 검을 반
대로 잡은 다음 아래에서 위로
전상방으로 상대방의 복부를
벤다.

4. 칼(검) 공격 (장검10~12)

Explanation-10

반뒷굽서기 자세에서 검을 겨드랑이 사이에 고정시킨 상태에서 후수평으로 상대방의 복부를 찌른다.

Explanation-11

무릎반평서기 자세에서 검날이 수평으로 유지하게 한 다음 전수평으로 상대방의 복부를 찌른다.

Explanation-12

무릎반평서기 자세에서 검을 아래에서 위로 전상방 대각으로 상대방의 복부를 벤다.

Explanation-13

반뒷전환 후 반뒷굽서기 자세에서 검을
위에서 아래로 상대방의 목을 대각으로
벤다.

Explanation-14

반뒷전환 후 반뒷굽서기 자
세에서 검 손잡이를 바꾸어 잡
은 다음 상대방의 등을 수직으
로 내려 찌른다.

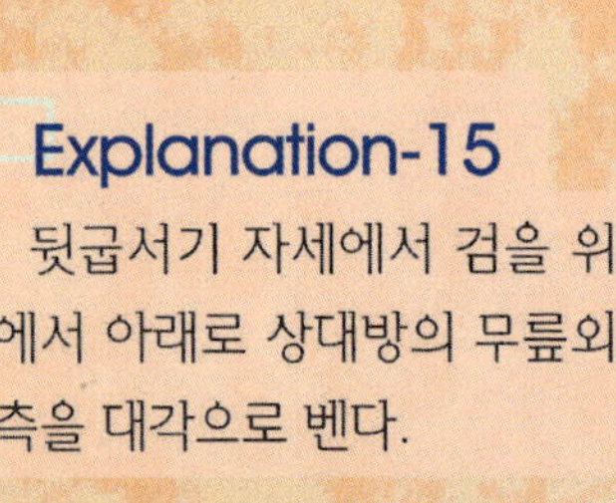

Explanation-15

뒷굽서기 자세에서 검을 위
에서 아래로 상대방의 무릎외
측을 대각으로 벤다.

(3) 총공격법설명 (예)

1. 총공격 (탈취법1~3)

Explanation-1

앞굽이 자세에서 왼손으로 상대방의 손목을 감싸잡아 당기는 동시에 오른손으로는 총열을 아래에서 위로 감싸 잡은 다음 위로 올려 제껴 총을 탈취한다.

Explanation-2

앞굽이 자세에서 왼손 배 삼각수도로 손목을 올려잡은 다음 오른손으로는 총열을 위에서 아래로 감싸잡아 꺾어 총을 탈취한다.

Explanation-3

앞굽이 자세에서 배삼각수도로 손목을 올려잡은 다음 오른손으로는 총열을 측면에서 감싸잡아 꺾어 총을 탈취한다.

267

Explanation-4

앞굽서기 자세에서 왼손 삼각수도로 상대방의 손목 외측을 쳐 밀어주는 동시에 오른손 삼각수도로 상대방의 총열을 쳐 밀어 좌우로 교차되게 하여 상대방의 손목을 꺾는다.

Explanation-5

무릎반평서기 자세에서 왼손으로는 상대방의 손을 외에서 내측으로 돌려 손목을 꺾는 동시에 오른손으로 상대방의 겨드랑이 사이로 팔을 뻗어 머리를 사진과 같이 움켜 잡은 다음 하후방으로 끌어 당긴다.

3. 총공격(치기1~3)

Explanation-1

반뒷전환 후 반뒷굽서기 자세에서 내손목장자세로 상대방의 손목을 사진과 같이 위에서 아래로 대각으로 내리친다.

Explanation-2

반원뒷전환 후 무릎반평서기에서 상대방의 손목을 총열을 이용해 내서 외로 돌려 막는다.

Explanation-3

반앞전환 후 무릎반평서기 자세에서 총손잡이 부분으로 상대방의 손목을 위에서 아래로 대각 내려친다.

4. 총공격 (치기4~6)

Explanation-4

반원뒷전환 후 무릎반평서기 자세에서 총손잡이 부분으로 상대방의 중팔목부분을 위에서 아래로 대각 내려 친다.

Explanation-5

반원앞전환 후 무릎평서기 자세에서 외손목장으로 상대방의 손목을 전상방으로 올려 친다.

Explanation-6

반원앞전환 후 무릎평서기 자세에서 총손잡이로 상대방의 중팔목을 위에서 아래로 대각 내려 친다.

5. 총공격(꺾고치기1~3)

Explanation-1

반앞굽서기 자세에서 왼손으로는 상대방의 손목을 잡아 꺾는 동시에 오른손으로는 상세수도 자세를 살려 총손잡이 부분으로 상대방의 명치부분을 전수평으로 친다.

Explanation-2

반앞굽서기 자세에서 왼손으로는 상대방의 손목을 잡아 꺾는 동시에 오른손으로는 상세수도 자세를 살려 총손잡이 부분으로 상대방의 얼굴을 전상방으로 뻗어 친다.

Explanation-3

뒷굽서기 자세에서 왼손으로는 상대방의 손목을 잡아 꺾어 당기는 동시에 오른손으로는 내손목장 자세를 살려 총열부분을 이용하여 상대방의 목을 대각으로 내리친다.

6. 총공격 (꺾고치기 4~6)

Explanation-4

반뒷굽서기 자세에서 왼손으로는 상대방의 손목을 내에서 외로 돌려 손목을 꺾어 잡은 다음 오른팔 외팔장으로 상대방의 중팔목을 위에서 아래로 내리 친다.

Explanation-5

뒷굽서기 자세에서 왼손으로는 상대방의 손목을 잡아 당기는 동시에 오른손으로는 총손잡이 부분으로 상대방의 목을 내리친다.

Explanation-6

앞굽서기 자세에서 왼손으로는 상대방의 손목을 꺾어 잡는 동시에 오른손으로는 내손목장 자세를 살려 총열부분을 이용해 상대방의 명치부분을 전수평으로 친다.

7. 총공격 (꺾고치기7~9)

Explanation-7

반뒷굽서기 자세에서 왼손으로는 상대방의 손목을 내에서 외로 돌려 손목을 꺾어 잡은 다음 오른팔 내손목굽장으로 위에서 아래로 상대방의 목 측면을 내리 친다.

Explanation-8

앞굽서기 자세에서 왼손으로는 상대방의 손목을 꺾어 팔을 등뒤로 90°로 올려 잡은 다음 오른팔은 세팔굽장으로 상대방의 등을 내려친다.

Explanation-9

반뒷굽서기 자세에서 왼손으로는 상대방의 손목을 꺾어 잡는 동시에 오른손으로는 총 손잡이 부분으로 상대방의 목 부분을 내리 친다.

Explanation-10

반앞굽서기 자세에서 왼손으로 상대방의 손목을 외에서 내로 꺾어 잡은 다음 오른손으로는 총손잡이 부분으로 머리 부분을 내리친다.

Explanation-11

앞굽서기 자세에서 왼손으로 상대방의 손목을 외에서 내로 꺾어 잡은 다음 오른손을 내손목장 자세로 총열부분을 이용해 상대방의 목을 수직으로 내리친다.

Explanation-12

앞굽서기 자세에서 왼손으로 상대방의 손목을 외에서 내로 꺾어 잡은 다음 오른손 총손잡이 부분으로 상대방의 목을 위에서 아래로 수직으로 내리친다.

9. 총공격(꺾고치기13~14)

Explanation-13

무릎평서기 자세에서 총을 든 손목을 사진과 같이 꺾는 동시에 오른팔 평팔로 상대방의 늑골하단 부분을 친다.

Explanation-14

무릎평서기 자세에서 총을 든 손목을 사진과 같이 꺾는 동시에 오른팔 삼각팔굽으로 상대방의 늑골하단 부분을 친다.

275

10. 총공격 (차기1~2)

Explanation-1
발끝찍어차기로 상대방의 손목을 찬다.

Explanation-2
뒤꿈치걸어돌려차기로 상대방의 손목을 찬다.

Explanation-1

상대방의 손목을 꺾어 등뒤로 팔을 90° 들어 올려 잡는 동시에 뒤꿈치차내리기로 등을 찬다.

Explanation-2

상대방의 손목을 꺾어 팔을 등뒤로 90° 들어 올려 잡는 동시에 뒤꿈치차내리기로 상대방의 목을 찬다.

Explanation-3

상대방의 손목을 꺾어 팔을 등뒤로 90° 들어 올려 잡고 오른발을 사진과 같이 상대방의 팔에 감아 발을 턱밑에 고정시키며, 오른손으로는 총손잡이 부분으로 머리를 내리친다.

277

경호무술

Explanation-3

총을 잡고 있는 손목을 꺾어 팔을 뒤로 돌려잡는 동시에 사진과 같이 앞차기등으로 상대방의 명치 복부등을 걸어 찬다.

Explanation-4

총을 잡고 있는 손목을 꺾어 팔을 등뒤로 돌려 90° 되게 한 다음 오른발을 겨드랑이 사이로 넣어 무릎으로 상대방의 어깨관절을 수직으로 누른다.

Explanation-5

총을 잡고 있는 손목을 꺾어 팔을 등뒤로 돌려 90° 되게 한 다음 동시에 발등반달내려 찍어차기로 상대방의 목을 내려찬다.

13. 총공격(꺾고차기6~8)

Explanation-6

양손으로 총을 잡은 상대방의 손목과 총열을 잡아 전상방으로 들어 올려 꺾는 동시에 앞차기로 상대방의 목을 찬다.

Explanation-7

총을 잡은 손을 양손으로 잡아 꺾는 동시에 사진과 같이 하단발끝찍어차기로 상대방의 무릎외측을 찬다.

Explanation-8

총을 잡은 손목을 왼손으로 잡아 꺾는 동시에 오른팔 세굽장으로 상대방의 중팔목을 내려친다.

279

14. 총공격 (꺾고차기9~10)

□ Explanation-9

총을 잡은 팔을 왼팔로 꺾어 올리는 동시에 오른손으로는 상대방의 머리를 움켜 잡아당기며, 무릎올려차기로 사진과 같이 얼굴을 찬다.

□ Explanation-10

총을 잡은 손을 왼손으로 내에서 외로 돌려잡아 돌리는 동시에 오른발로 상대방의 낭심을 사진과 같이 걸어 찬다.

2. 제 압 술

제압술

제압술이란 치기, 차기, 던지기 등의 기술로 상대방을 쓰러뜨린 후 반격이나 역습할 수 없도록 제압하는 기술이다. 일반적으로 공격기회 포착을 잘하여 성공적으로 공격하고서도 상대방의 반격이나 역습기회를 허용하여 역제압되는 경우가 많다. 이러한 이유는 공격이후 완전한 제압을 하지 않았기 때문에 생기는 문제라고 할 수 있다. 특히, 상대방을 일격필사의 기술로서 제압해야 하는 상황이라면 이 같은 제압술은 필요없을 것이다. 그러나 상황이라는 실제는 반드시 일격필사의 기술만이 요구되는 것은 아니며, 상대방의 물리적 공격이 재차 시도되지 않도록 요구되는 상황이 더 많을 수 있음을 인식해야 한다. 따라서 이같은 상황에서 요구되는 제압기술은 그 어떤 공격기술이나 방어기술 못지 않게 중요시 된다고 할 수 있다.

(1) 머리·목제압설명 (예)

1. 머리·목 제압1~3

Explanation-1

앞굽서기 자세에서 왼손으로 상대방의 손목을 꺾어 잡고 오른손으로는 상대방의 가슴 안쪽으로 올려 사진과 같이 목을 감싸 잡아 꺾어 당긴다.

Explanation-2

반앞굽서기 자세에서 왼팔을 이용해 삼각팔굽자세로 뒤에서 앞으로 감아 잡은 다음 오른손으로는 상대방의 머리를 눌러 목을 앞으로 꺾어 조른다.

Explanation-3

상대방 등뒤에 위치하고 앞굽서기 자세에서 상대방의 팔을 등뒤로 꺾어 왼팔로 고정시키는 동시에 오른손으로는 상대방의 머리를 사진과 같이 움켜 잡아 뒤로 당겨 목과 어깨 관절을 꺾는다.

2. 머리·목 제압4~6

Explanation-4

뒷굽서기 자세에서 왼손으로는 상대방의 허리를 당기는 동시에 오른손으로는 수장자세로 턱을 밀어 전하방으로 목을 꺾어 누른다.

Explanation-5

상대방 등뒤에 위치하고 무릎반평서기 자세에서 오른팔 삼각팔굽으로 목을 감싸 왼손으로 오른손목을 잡아 목을 당겨 목을 측면으로 꺾어 조른다.

Explanation-6

뒷굽서기 자세에서 오른손으로 상대방의 머리 측면을 사진과 같이 움켜 잡아 측하방으로 목을 꺾어 당긴다.

283

Explanation-7
무릎반평서기 자세에서 왼손으로는 상대방의 머리측면을 움켜 잡고 오른손으로는 수장자세로 턱측면을 전하방으로 돌려 목을 대각으로 꺾는다.

Explanation-8
반앞굽자세와 동시에 상대방의 머리를 사진과 같이 수직하방으로 당겨 목을 앞으로 꺾는다.

4. 머리·목 제압9~10

Explanation-9

뒷굽서기 자세에서 오른손으로는 상대방의 머리를 움켜 잡아 수직으로 당기는 동시에 오른손으로는 수장자세로 턱을 밀어 전하방으로 목을 꺾어 누른다.

Explanation-10

앞굽서기 자세와 동시에 왼손으로는 허리를 당기고 오른손으로는 수장자세로 전하방으로 눌러 목을 뒤로 꺾는다.

Explanation-11

상대방의 몸쪽에서 앞에서 뒤로 삼각팔굽으로 감아 오른손으로 왼손의 손목을 잡아 목을 꺾어 조른다. 이때, 상대방의 저항기미가 보일 때 목을 뒤로 하여 체중의 하중까지 더하여 상대방의 머리를 앞으로 숙이게 하고, 목이 꺾이도록 하여 상대방의 역습을 막는다.

Explanation-12

상대방의 머리위에서 오른팔 삼각팔굽으로 상대방의 복을 뒤에서 감아 왼손으로 오른손 손목을 감싸 잡아 목을 꺾어 조른다. 이때, 어깨 부분을 상대방의 가슴부분에 위치시키고, 상체의 하중을 실어 눌러준다. 상대방이 손으로 조르는 팔을 당기려 할때에는 삼각팔굽에 힘을 더 가하여 조르게 하여 역습을 차단한다.

Explanation-13

오른팔을 삼각팔굽으로 상대방의 목을 위에서 감아 왼손으로 오른손 손목을 감싸 잡아 목을 꺾어 조른다. 이때, 어깨부분을 상대방의 등뒤에 위치시키고, 상체에 하중을 실어 눌러 준다. 상대방이 저항기미를 보일 때 마다 조르는 목을 뒤로 당겨 허리가 꺾이도록 하여 역습을 차단한다.

6. 머리 목 제압14~16

Explanation-14

반뒷굽서기 자세에서 중팔을 상대방의 턱아래에 갖다대고, 사진과 같이 후하방으로 꺾는다. 이때, 상대방의 뒤쪽에 위치하여 골반으로 상대방의 허리 뒷부분을 고정토록 지지하여, 상대방의 허리가 뒤로 크게 꺾이도록 유도한다.

Explanation-15

반앞굽서기 자세에서 외손목굽으로 상대방의 턱아래에 갖다대고 사진과 같이 후하방으로 꺾는다. 이때, 상대방의 뒤쪽에 위치하여 대퇴부 부분으로 상대방의 대퇴부 뒷부분을 고정토록 지지하여 상대방의 허리가 크게 꺾이도록 한다.

Explanation-16

상대방의 등허리부분에 엉덩이로 올라 탄 다음 양손을 이용하여 사진과 같이 머리와 턱을 움켜 잡아 목을 뒤로 당겨 꺾는다. 이때, 오른발을 사진과 같이 허벅지 위로 감아 고정시켜 상대방의 상체가 좌우측 흐트러짐이 없도록 한다.

경호무술

7. 머리 목 제압17~19

Explanation-17

뒤서기 자세에서 상대의 얼굴 앞쪽에서 오른발 족도를 살려 턱 밑으로 목에 체중을 실어 전하방 으로 목을 눌러 꺾어 준다. 이때, 저항기미를 보일때 마다 하중을 이용해 역습을 차단한다.

Explanation-18

뒤서기 자세에서 상대방의 얼 굴뒤쪽에 위치하여, 족장으로 상 대방의 목을 신체의 하중을 실어 목을 꺾어 눌러 준다. 저항의 기 미를 보일 때 마다 신체의 하중을 주어 역습의 기회를 차단한다.

Explanation-19

양다리를 사진과 같이 상대방의 목사 이로 교차시켜 목을 뒤로 꺾어 조른다. 이때, 왼발 삼각족급이 상대방의 턱아 래에 밀착되도록 붙이고, 발은 오른발 밑으로 넣어 고정시킨다. 상대방의 저 항기미가 보일 때는 몸을 왼쪽으로 돌 려 목이 뒤로 꺾기게 하여 역습의 기 회를 차단한다.

1. 손·팔 제압1~3

Explanation-1

몸이 대각으로 세워진 경우 상대방의 팔을 곧게 뻗게 하여 손등을 밖에서 안으로 돌려 지면에 닿게 한 상태에서 중팔목과 손목을 수직으로 눌러 제압한다.

Explanation-2

앞굽자세에서 상대의 몸이 사진과 같이 대각으로 세워진 경우 팔을 등뒤로 돌려 팔이 90˚ 되게 올려 손목과 중팔을 동시에 수직으로 눌러 고정하여 제압한다. 이때, 손등은 지면에 닿도록 한다.

Explanation-3

상대방의 몸통 좌우로 발을 놓아 무릎반평서기 자세를 갖춘 상태에서 상대방을 좌우측 팔을 등뒤로 돌려 팔이 90˚ 되게 올린 다음 손목을 꺾어 잡고 좌우측 무릎을 이용하여 상대방의 중팔목을 앞으로 밀어 고정하여 제압한다.

IV

4. 경호무술 호위호신술법1편

경호무술 4
호위호신술법 1편

2. 손·팔 제압4~6

Explanation-4

무릎반평서기 자세에서 상대방의 팔을 머리위로 곧게 편상태에서 손바닥이 지면을 향하도록 하여 밀착시킨 다음 족장을 이용하여 상대방의 중팔목을 수직으로 신체의 하중을 이용하여 고정하여 제압한다.

Explanation-5

상대방의 팔을 다리사이에 위치시켜 오른다리의 삼각발굽을 이용하여 상대방의 중팔목을 등뒤로 꺾어 고정시켜 제압한다. 이때, 상대방의 등뒤에 완전하게 엉덩이 부분으로 올라탄다.

Explanation-6

상대방의 양팔을 등뒤로 돌려 양다리 사이에 위치시킨 다음 발을 사진과 같이 교차시켜 고정하고, 조르기로 제압한다. 이때, 조르기는 오른쪽으로 몸을 돌려 어깨관절을 꺾고 왼쪽 장단지 부분으로 상대방의 머리부분을 누른다.

3. 손·팔 제압7~9

Explanation-7

몸이 대각으로 세워진 경우 상대방의 팔을 곧게 뻗게 하여 손등을 밖에서 안으로 돌려 지면에 닿게 한 상태에서 중팔목과 손목을 수직으로 눌러 제압한다.

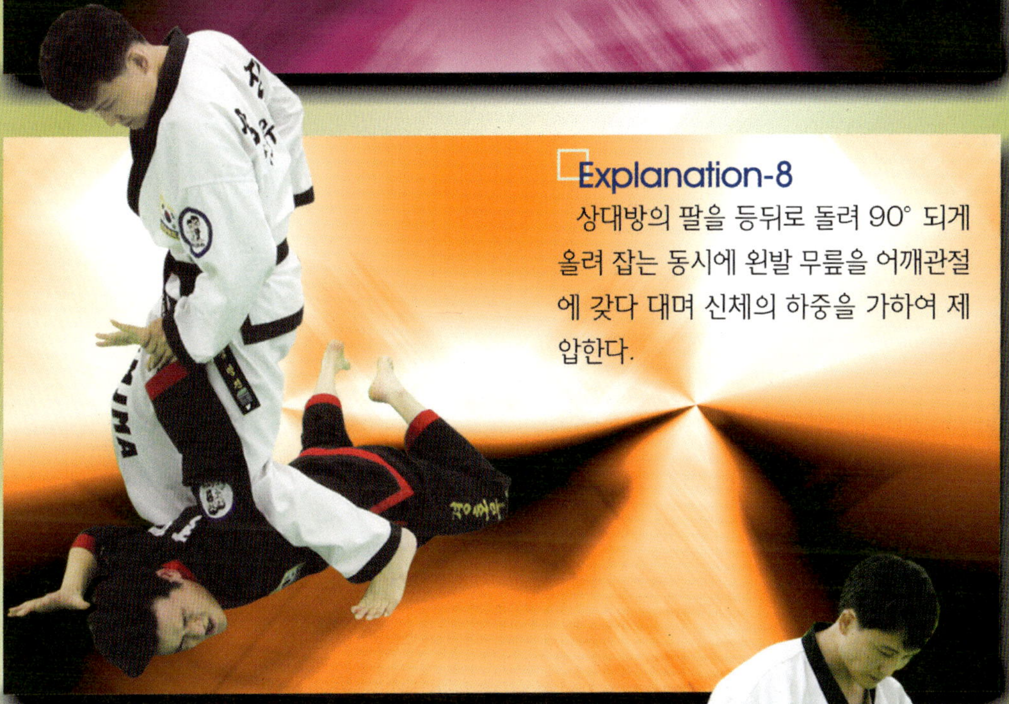

Explanation-8

상대방의 팔을 등뒤로 돌려 90° 되게 올려 잡는 동시에 왼발 무릎을 어깨관절에 갖다 대며 신체의 하중을 가하여 제압한다.

Explanation-9

상대방의 팔을 양다리 사이에 위치하도록 팔을 꺾어 등뒤로 돌린 다음 손목을 꺾어 고정시키고, 오른발 무릎을 이용하여 상대방의 겨드랑이 어깨관절을 신체의 하중을 이용하여 눌러 제압한다.

경호무술 4
호위호신술법 1편

4. 손·팔 제압10~12

Explanation-10

팔을 곧게 편 상태에서 등뒤로 들어 올려 손목을 아래로 꺾어 고정하여 제압한다.

Explanation-11

상대방의 팔을 머리위로 올려 손이 어깨뒤로 위치케 하고 하팔을 족장으로 밟아 제압한다.

Explanation-12

상대방의 몸이 대각으로 세워진 경우 상대방의 손목과 중팔목을 잡아 내서 외로 돌리는 동시에 등뒤로 들어 올려 지면에 고정하여 제압한다.

5. 손·팔 제압13~14

Explanation-13

상대방의 몸이 대각으로 서있는 경우 상대방의 팔을 등뒤로 꺾이게 하여 손목하팔부분을 왼발 삼각팔굽을 이용하여 고정시키는 동시에 무릎으로 신체하중을 실어 제압한다.

Explanation-14

상대방의 팔을 양다리 사이에 사진과 같이 위치시키고, 오른발 릎으로 견갑골 부분을 신체의 하중을 이용하여 제압하여 누른다. 이때, 왼발을 이용하여 몸의 균형을 유지하고, 뒤로 꺾인 상대방의 팔이 빠지지 않도록 고정하는 역할을 해준다.

6. 손·팔 제압15~17

Explanation-15

상대방의 손목을 잡아 무릎위치에 상대방의 중팔목을 갖다대어 오른손을 뒤로 당겨 중팔목을 꺾어 제압한다.

Explanation-16

상대방의 팔을 등뒤로 돌려 서있는 양다리 사이로 위치시킨 다음 오른발을 사진과 같이 상대방의 머리밑으로 고정시켜 제압한다.

Explanation-17

상대방의 팔을 90° 뒤로 꺾어 올린다음 양다리 사이에 위치시켜 고정한 다음 무릎을 구부리는 동시에 상체를 숙여 어깨관절을 꺾이게 하여 제압한다. 이 때 왼발은 상대방의 어깨위 목측면에 위치시키고 오른발은 상대방의 오른팔 겨드랑이 측면에 밀착시켜 고정한다.

7. 손·팔 제압18~20

Explanation-18
상대방의 몸이 대각으로 서있는 경우 팔을 양다리 사이에 위치케 한다음 어깨 관절을 꺾어 제압한다.

Explanation-19
상대방의 머리위로 위치한 상태에서 왼손으로 상대방의 왼손을 잡아 당기고 오른발 무릎으로 상대방의 목을 눌러 제압한다.

Explanation-20
상대방의 팔을 등뒤로 꺾어 90° 되게 올려 잡는 동시에 왼발무릎을 어깨 관절에 갖다대며 상체의 하중을 가하여 제압한다.

4. 경호무술 호위호신술법1편

경호무술 4

호위호신술법 1편

Explanation-21~23

체중을 실어 누르면서 상대방의 팔을 사진과 같이 꺾어 제압한다. 이때 중요한것은 상대방의 상팔밑으로 팔을 집어 넣어 지줏돌과 같이 반치고 손목이 위로 가게하며 양손으로 손목을 잡아 지면에 밀착시켜 팔꿈치와 어깨관절이 동시에 꺾이게 하여 제압한다.

Explanation-24

상체를 이용하여 상대방의 몸의 사진과 같이 누르는 동시에 상대방의 왼손목을 위로접는다.

Explanation-25

다음으로 오른손 팔을 들어 올려 상대방의 어깨 관절을 꺾는다.

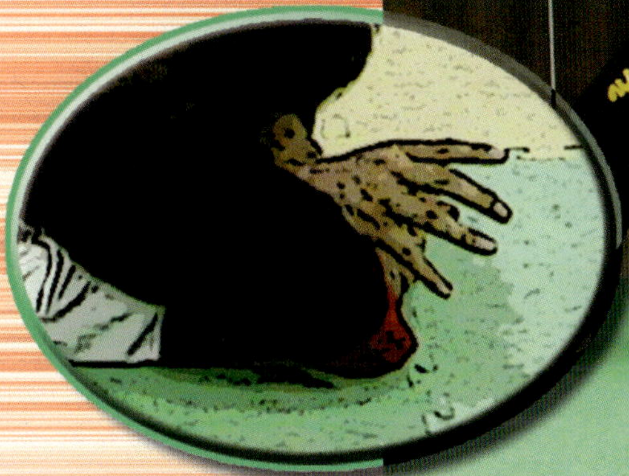

10. 손 팔 제압26~28

Explanation-26,27

체중을 실어 상대방의 상체를 누르고 상대방의 팔을 사진과 같이 하방 내측으로 꺾어 움직이지 못하도록 제압한다.

Explanation-28

넘어져있는 상태에서 상대방이 멱살을 잡고 있는 경우, 사진과 같이 양다리를 이용하여 상대방의 팔을 감아 또다른 공격을 예방한다.

(3) 다리 제압설명 (예)

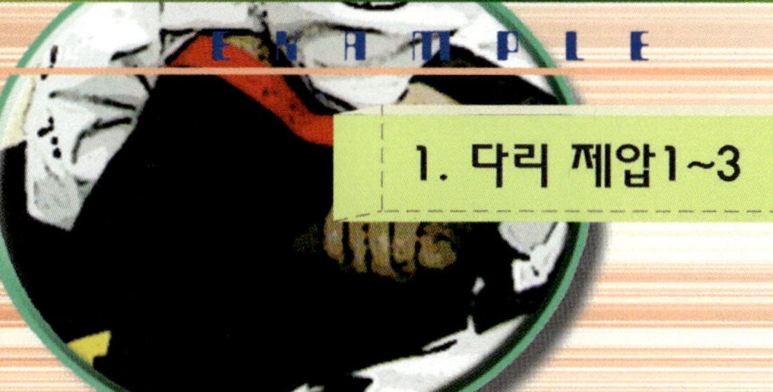

1. 다리 제압1~3

Explanation-1

상대방의 발목을 겨드랑이 꺾이로 체중을 실어 사진과 같이 제압한다.

Explanation-2

상대방의 발목을 겨드랑이에 사진과 같이 끼고 발을 이용하여 지줏돌처럼 받쳐 넣는 동시에 눌러 꺾어 제압한다.

Explanation-3

상대방의 발목을 사진과 같이 발을 이용해 꺾고 체중을 실어 엉덩이로 눌러 제압한다.

Explanation-4,5

상대방의 발을 팔을 이용하여
십자꺾기자세로 상대방의 발목
을 밖에서 안으로 꺾어 제압한다.

Explanation-6

오른다리를 이용하여 상대방의 무릎 뒤축에
가로로 받쳐주는 동시에 양손을 이용하여 깍지
를 껴 사진과 같이 당겨 제압한다.

Explanation-7

삼각팔굽으로 상대방의 발목을 사진과 같이 잡고 왼손으로 오른손의 손목을 감싸 잡아 고정시키면서 오른발 허벅지 부분을 상대방의 허벅지 부분에 밀착시킨 상태에서 앞으로 밀어 제압한다. 이때, 발목과 허리가 꺾이게 된다.

Explanation-8

반뒤굽서기 자세에서 상대방의 발을 들어 사진과 같이 고정시킨 다음 왼손으로 상대방의 발목을 잡아 앞으로 밀어 허리가 뒤로 제껴지게 하여 제압한다.

Explanation-9

상대방의 왼발을 오른발 무릎뒤축에 놓고 오른발을 사진과 같이 손으로 잡고 또 오른발무릎으로 상대방의 다리를 눌러 제압한다.

301

4. 다리 제압10~12

Explanation-10,11

삼각팔굽으로 상대방의 발목을 감싸 잡은 다음 세팔장으로 상대방의 발목 아킬레스건을 강하게 압박하여 제압한다.

Explanation-12

상대방의 발을 오른발 삼각발굽을 이용하여 사진과 같이 고정하여 제압한다. 이때, 상체를 발에 밀착시켜 누르면 보다 제압의 효과를 더할 수 있다.

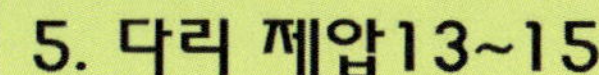

Explanation-13

상대방의 발을 후측방으로 꺾이게 하
여 무릎을 상대방의 발목에 위치케 한
다음 수직으로 눌러 제압한다.

Explanation-14,15

상대방의 다리를 양다리 사이
에 위치케 한 다음 무릎관절을
측면으로 꺾이게 하여 상체를
숙이며, 상대방의 무릎과 고관
절을 동시에 꺾어 제압한다. 이
때, 무릎으로 상대방의 명치복
부를 같이 눌러 제압의 효과를
더할 수도 있다.

Explanation-16

상대방의 무릎을 꺾기게 하여 대각이 되게 한다음 발목부분을 무릎으로 가져다 대어 고정한 다음 상대방의 무릎을 대퇴부 내후측으로 붙인 다음 체중을 실어 눌러 제압한다.

Explanation-17

상대방의 발을 후측방으로 꺾이게 하여 왼발 삼각발굽으로 사진과 같이 고정하여 제압할 수 있다.

Explanation-18

상대방의 오른발을 먼저 대각으로 구부리고, 구부린 오른발목위에 왼발목을 올려 교차되게 한 다음 오른발을 양다리 사이로 깊이 넣어 발을 고정시킨 다음 신체의 하중을 무릎에 가하여 상대방의 발목을 눌러 제압한다.

7. 다리 제압19~21

Explanation-19
상대방의 발목을 좌우 삼각팔굽으로 감싸 잡아 고정한 다음 상체를 뒤로 하여 상대방의 다리를 들어 올려 사진과 같이 허리가 꺾이도록 한다.

Explanation-20
상대방의 등뒤로 올라 탄 다음 상대방의 발목을 삼각발굽으로 맞잡은 다음 오른팔세팔장으로 상대방의 발목 아킬레스건을 압박하여 제압한다. 이때, 제압효과를 높이기 위해서는 상체를 뒤로하여 상대방의 발을 당기는 것이다.

Explanation-21
상대방의 다리를 양다리 사이로 위치케 한 다음 발목을 교차시켜 조른 다음, 상대방의 발을 겨드랑이 사이에 끼어 넣어 고정시킨 상태에서 팔을 밑으로 돌려 왼손이 오른 손목을 감싸 잡아 겨드랑이에 있는 상대방의 발이 빠지지 않도록 고정되게 한다.

(4) 몸통제압설명 (예)

1. 몸통 제압1~3

Explanation-1

무릎을 구부려 상대방의 목위에 위치시
키고, 신체의 하중을 이용하여 제압한다.

Explanation-2

오른발을 상대방의 등뒤에 올려 놓은
다음 신체하중을 이용하여 제압한다.

Explanation-3

오른발을 상대방의 명치위에 올려 놓은
다음 신체 하중을 이용하여 제압한다.

1. 혼용 제압1~3

Explanation-1
삼각팔굽을 이용하여 상대방의 팔을 꺾어 등뒤로 밀착시켜 제압한다.

Explanation-2
상대방의 등뒤로 올라 탄 다음 양손으로 앞머리를 움켜 잡아 뒤로 당겨 제압한다.

Explanation-3
상대방의 팔을 등뒤로 꺾어 밀착 시키고, 동시에 무릎으로 손목을 수직으로 밟아 신체하중을 이용하여 제압한다.

2. 혼용 제압4~6

Explanation-4
상대방이 대각으로 세워진 경우, 팔을 사진과 같이 양다리 사이로 위치시켜 잡은 다음 손목을 꺾어 제압한다.

Explanation-5
왼발 심긱빌굽으로 상대방의 왼발을 고정시켜 제압한다. 이때, 무릎이 사진과 같이 지면에 닿게 하고 발목을 당겨 상대방의 허벅지가 풀리지 않도록 고정한다.

Explanation-6
상대방의 팔을 양다리 사이에 위치시킨 다음 손목을 양손으로 잡아 가슴에 고정 한 다음 다리를 사진과 같이 교차시켜 발목을 감은 다음 사진과 같이 팔을 제껴 중팔목을 꺾어 제압한다.

Explanation-7

상대방의 양발을 사진과 같이 교차시켜 감아 잡아 움직이지 못하도록 양손팔을 이용하여 상체를 눌러 제압한다.

Explanation-8

상대방의 목과 오른팔 겨드랑이 사이로 사진과 같이 양발을 이용하여 감아 잡아 제압한다. 이때, 왼손으로 왼발을 잡아 당겨 강하게 조이도록 한다. 그리고 상대방이 팔을 빼지 못하도록 오른손으로 잡아 당긴다.

Explanation-9

상대방의 목과 오른팔 겨드랑이 사이로 사진과 같이 양다리를 교차시켜 감싸잡고 상대방이 힘을 쓰지 못하도록 양손목을 잡아 당겨 제압한다.

Explanation-10

상대방의 팔을 사진과 같이 뒤쪽으로 꺾기에 잡
는 동시에 양발을 밖에서 안으로 돌려 상대방의
발을 감싸잡는 동시에 발목을 이용하여 사진과
같이 상대발목을 걸어 제압한다.

Explanation-11

양팔을 이용하여 상대방
의 몸통을 겨드랑이 사이
로 감싸 잡은 상태에서 상
체 가슴으로 눌러 움직이
지 못하도록 제압한다.

Explanation-12

양팔을 이용하여 상대방의 겨드랑이 사이로 팔을 뻗어
몸통을 감싸잡은 동시에 체중을 실어 상대방의 상체의 누
른다. 이와 동시에 오른발로는 사진과 같이 목을 감아 체
중을 실어 누를 때 조이도록 제압한다.

Explanation-13

상대방의 왼쪽 팔겨드랑이와 목사이로 팔을 뻗어 감싸잡고 사진과 같이 강하게 조른다.

Explanation-14

상대방을 뒤로 휘게하여 허리에 올리는 동시에 양팔을 좌우아래로 당겨 상대 허리가 꺾이도록 제압한다.

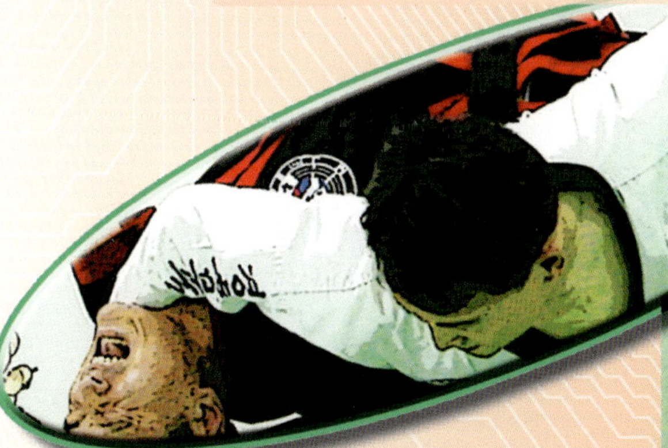

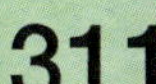

경호무술 용어해설

경호무술 : 자기 자신을 포함하여 경호 대상에 대하여 가해져 오는 공격으로부터 신체 및 생명을 보호해주는 호위호신무술.

경호 : 경호대상자의 신변에 직접 또는 간접적으로 가해지는 신체 및 생명 위협을 방지하고, 제거하기 위해 경호활동에 필요한 정보, 첩보수집 및 인원, 장비 운영을 통한 경계활동까지를 포함하여 경호대상의 안전을 도모하는 것.

무술 : 손 발등의 신체부위 또는 무기를 이용하여 신법, 두법, 수법, 족법, 무법 등으로 체계화된 공방기술로 수련하는 격투기술 .

경호대상자 : 일신상의 이유로 신변보호를 받아야할 대상으로 지정된 인물(사람).

경호환경 : 경호 대상에 대한 모든 위험요소로부터 안전 유무를 확인하고 필요한 대책을 통한 환경을 확보하는 것.

원복 : 무술원에서 입는 단체복(유니폼)

1. 호위호신술법 용어 해설

호신술 : 위해자의 공격으로부터 자신의 신체 생명을 지키기 위하여 자위적으로 방어 하기위해 동원되는 체계화된 기술

호신술원리 : 안정된 상대방의 몸의 균형을 무너트려 집중된 힘을 분산시키고 공격 술을 약화시키면서 역으로 상대방의 급소 관절 약골 등을 공격하는 원리

급소 : 급소는 양급소와 음급소로 나뉜다. 양급소는 신체부위중 높게 솟구친 부위이며 음급소는 신체 부위중 낮게 패인 부위로서 동 부위를 치기, 차기, 누르기거나 가격 했을 때 신경 및 근육에 일시적 또는 장기간 수축과 장애를 갖게 하며 경 우에 따라서는 영구적 장애 및 사망에 이르게 할 수 있는 곳을 말함.

관절 : 뼈와 뼈가 만나는 마디부위로 뼈와 뼈 사이가 부드럽게 운동 할 수 있도록 연골, 관절낭, 활막, 인대, 힘줄, 근육 등으로 구성되어 있으며 움직일 수 있는 관절이 있고 움직일 수 없는 관절이 있다. 한쪽은 관절두라 하여 볼록한 형태로 되어 있고, 다른 한쪽은 관절와라 하여 오목한 형태로 된 것이 많다. 이러한 관절을 치거나 차고, 관절사이를 누르고, 비틀거나 꺾으면 인대, 힘줄, 근육 등의 손상 으로 극심한 고통을 호소하게 되며 심할 경우 뼈가 정상 위치에서 벗어나면서 탈골되기도 함.

골격 : 사람의 체형을 이루고 몸을 지탱하는 뼈를 말한다. 근육의 부착점이 되며 몸의 외측을 덮는 것을 외골격, 체내에 있는 골격을 내골격이라 함. 인체 골격을 크게 몸통뼈대와 팔다리뼈대로 두 집단으로 나누는데 몸통뼈대는 신체 가운데 있는 뼈와 머리, 목, 척추, 갈비뼈, 복장뼈로 구성되고 팔다리뼈대는 빗장뼈, 어깨뼈, 팔의 뼈, 골반의 뼈, 다리의 뼈로 구성됨. 이러한 골격을 타점으로 치거나 차거나

누르게 되면 덮고 있는 피부근육의 손상과 뼈에 전해지는 충격으로 인해 극심한
고통을 호소하게 되며 심할 경우 뼈가 부분적 또는 전부 부러져 골절이 되기도 함.

약골 : 골격중 물릉 뼈 조직으로 이루어진 코뼈.쇄골뼈,치뼈,턱뼈등이 있다.

공격의원리 : 약점인 급소, 관절, 약골을 집중 공격.

진압기술 : 상황인지에 따른 수단적 방법.

단수 : 하나의 기술로 상대를 제압하는 기술.

복수 : 두 가지 이상의 기술을 연속 시도해 상대를 제압하는 기술.

호신기초기술자세 : 상대방이 잡기, 치기, 차기, 꺾기 조르기등의 수족에 의한 공격
이나 칼, 각목과 같은 무기로 공격 시 수족 및 호신장비를 이용한 초기 방어
기술을 말함.

맨손호신술 : 무기를 들고 있지 않은 상태에서 상대의 수족 공격 및 무기 공격 시
자신의 수족을 이용해 방어하고 제압하는 기술.

잡기법 : 상대의 공격을 저지 하거나 상대의 공격으로부터 호신술 기술을 구사하기
위해 상대의 수팔, 목, 몸통 그리고 각 급소를 손으로 잡는 기술.

치기법 : 공격을 가하려는 상대의 자세에서 빈틈을 찾고 인체의 3대 약점인 급소,
골격, 관절 부를 각종 치기술로 전신을 가격하는 기술.

차기법 : 공격을 가하려는 상대의 자세에서 빈틈을 찾고 인체의 3대 약점인 급소,
골격, 관절 부를 각종 차기술로 전신을 가격하는 기술.

꺾기법 : 상대의 수팔 또는 다리 등 각 관절 부를 잡아 수족으로 비틀어 돌리고, 누르고,
제끼고, 밀고, 당기는 등의 방법으로 각 상황에서 관절을 꺾는 기술

던지기법 : 상대의 수팔, 목, 몸통, 허리, 다리, 수족, 의복, 머리까락 등 신체의 전신을
잡아 지렛대 원리를 이용해 잡아 던지기, 당겨 던지기, 밀어 던지기, 걸어 던지
거나 넘기는 기술

막기법 : 수족 또는 무기를 이용한 상대의 공격을 1차적으로 방어하고 잡기, 치기, 차기,
꺾기, 던지기 기술을 동시에 구사 할 수 있는 위치와 자세를 취 할 수 있는 막기 기술

무기법 : 봉(단봉, 중봉, 장봉, 쌍봉), 검(단검, 중검, 장검, 쌍검), 총(권총, 소총) 등
각종 무기를 휴대한 상태에서 상대가 수족 또는 무기를 이용해 공격을 가할 경우
휴대한 무기를 사용해 방어 하고 제압하는 기술

제압술 : 상대가 역습할 수 없도록 완전하게 사지 와 몸통을 누르거나 조르는 기술

기본제압법 : 꺾기,조르기,누르기,비틀기술

목(머리)제압 : 머리의 급소, 목의 급소를 수족으로 누르거나 밟기, 꺾기, 조르는 기
술로 앞, 뒤, 옆에서 제압하는 기술.

손팔제압 : 손가락, 손목, 팔굽, 어깨 부위의 급소, 관절, 골격 등을 수족으로 누르
거나 밟기, 잡아 꺾거나 비트는 기술로 앞, 뒤, 옆에서 제압하는 기술.

다리제압 : 고관절, 무릎, 발목 부위의 급소, 관절, 골격 등을 수족으로 누르거나 밟기,
잡아 꺾거나 비틀기, 조르기 기술로 앞, 뒤, 옆에서 제압하는 기술.

몸통제압 : 몸통, 허리, 척추 부위의 급소, 관절, 골격 등을 수족으로 누르거나 밟기,

잡아 꺾기, 조르기 기술로 앞, 뒤, 옆에서 제압하는 기술.

혼용제압 : 꺾기, 비틀기, 조르기, 누르기의 기술을 동시에 구사 하거나 초기시도가 실패로 끝날 경우 다른 기술을 구사하거나 두 곳의 제압부위를 동시에 제압하는 기술.

호신술기본15수 : 상대가 자신의 한 손목을 잡았을 때 호신술의 원리를 이용해 제압 하는 15수의 기본 호신 기술.

기본호신술 : 호신술 원리로 체계화한 기본15수의 기술.

혼용기본호신술 : 기본호신술 15수를 혼용하여 하는 호신술기술. 예-1번하고 5번

응용기본호신술 : 기본호신술 15수를 변형한 기술.

결합기본호신술 : 전환선법, 치기법, 차기법 무기법등을 응용해 제압하는 호신술기술.

연결기본호신술 : 기본호신술 15수를 3수, 5수, 10수, 15수 연속으로 연결해 술기를 걸고 제압하고 다시 술기를 걸어 제압하는 호신술. 예 : 1번 ~ 3번까지, 4번 ~ 9번까지, 1번 ~ 15번까지

외기술호신술 : 기본호신술 외의 막기, 잡기, 치기, 굿기, 꺾기, 누르기, 조르기, 비 특기, 던지기, 제끼기, 차기, 찍기, 찌르기, 베기, 등의 수족 또는 무기 이용호신 기술. 상대가 다수 이거나 시 있거나 앉자 있거나 누워 있거나 엎어져 있을 때 모두 실전 적용기술.

해제술 : 상대방이 자신의 신체일부 또는 전부를 못 움직이도록 잡거나 꺾거나 조 르거나 제압된 상황에서 신체의 일부 또는 전부가 완전하게 자유로운 상태로 회복되도록 만드는 기술.

기본해제술 : 해제원리를 기초로 체계화한 기본 13수로 된 기술.

혼용기본해제술 : 기본해제술 13수를 혼용하여 하는 호신술. 예-1번하고 5번

응용기본해제술 : 기본해제술 13수를 실전에 맞도록 변형한 기술

연결기본해제술 : 기본해제술 13수를 3수, 5수, 13수 연속으로 연결해 해제하는 해제술. 예 : 1번 ~ 3번까지, 4번 ~ 9번까지, 1번 ~ 13번까지

외기술해제술 : 기본호신술 외의 해제술. 자신이 서 있거나 앉자 있거나 누워 있거나 엎어져 있을 때 모두 실전 적용.

해제역제압술 : 해제기술로 제압 해제하는 동시에 역으로 상대를 제압하는 기술.

수족공격시호신술 : 상대가 수족으로 공격 했을 때 또는 공격 하려 할 때 수족 또는 무기로 방어하고 공격해 제압하는 호신술 기술.

무기공격호신술 : 봉, 검, 권총 또는 기타 무기로 공격 했을 때 또는 공격 하려 할 때 수족 또는 무기로 방어하고 공격해 제압하는 호신술기술.

급조무기공격술 : 위기시에 무기수단으로 삼을 수 있는 소지품 및 생활용품 또는 자신이 착용한 장신구를 이용해 무기술로 사용하는 기술.

무증공법호신술 : 가상의 상대가 있다는 설정 하에 혼자서 호위호신술 기술을 숙달 하는 훈련기술.

호위호신술 : 위해 기도자의 수족 또는 각종 무기에 의하여 공격 받을 때 경호대상과 자신의 신체 및 생명을 보호하는 여러 형태의 방어기술.

수족호위호신술 : 경호대상을 호위하며 수족으로 위해자의 공격을 1차로 보호 하고 역으로 공격 하거나 경호대상의 신체를 감싸 보호하며 손과 발로 치고, 차고, 꺾고, 던지는 기술로 위해자를 역공격 제압 하는 호위호신기술.

무기호위호신술 : 경호대상을 호위하며 경호용무기 및 일반무기 또는 수족으로 위해자의 공격을 1차로 보호 하고 역으로 공격 하거나 경호대상의 신체를 감싸 보호하며 경호용무기 및 일반무기로 위해기도자를 역공격 제압 하는 호위호신기술.

몸통호위호신술 : 경호대상보다 앞서 위해기도자의 공격 방향으로 자신의 몸통으로 인벽형태를 취해 보호하는 방어 기술.

호위호신피난술 : 위해기도시 위해를 방어 하고 경호대상을 감싸 보호하여 신속히 위험 지역을 이탈하여 안전지대로 피난하는 것으로서 인위적 또는 자연적 은폐 및 엄폐물을 최대한 활용하고 공격수단의 유효거리로부터 안전을 최단시간 내에 확보하는 긴급피난조치 기술.

팀호위호신술 : 2인 이상 팀을 이뤄 경호대상을 보호하고 위해기도자를 제압하는 호위호신기술.

소형무기 : 칼이나 총기류.

원거리무기소지자진압 : 주의집중 분산 기법 이용.

폭발물 : 금속 또는 프라스틱 제질로 된 포탄 또는 급조무기로서 인마살상용으로 제조된 무기.

고속강습 : 자동차, 오토바이 충돌 및 낙하물을 이용한 공격.

장명진

- 사단법인 한국경호무술진흥회 회장
- 전통무예원류적통자 모임 간사
- 장명진경호무술원 총원장
- 국무총리실 국가재난관리본부 자문위원
- 초당대학교 경호학과(경호무술) 겸임교수
- 고려대학교 사범대학원 석사과정(경호무술) 강사
- 선문대학교 무도학과, 충청대학 태권도학과(경호무술) 강사
- 국립경찰대학 수사보안연수소(경호무술/경호전략) 강사
- 중국연길시공안국 보안전문대학교 명예교수
- 한서대학교, 서일대학 사회교육원 경호학과(경호무술) 강사
- KBS아카데미 경호원 양성과정(경호무술) 강사
- 사단법인 한국무예포럼 운영위원
- 주식회사 탐경(경호회사) 대표이사
- 국제경호아카데미 원장
- 국제경호협회 회장
- 한국안전교육학회, 한국경호경비학회 운영위원
- 사단법인 한국경비협회 신변보호분과 운영위원
- 사단법인 한국직능단체총연합회 상임부회장
- 제10기 민주평화통일 자문위원(대통령)
- 윗몸일으키기(14,824회) 기네스기록 보유(1990년)
- 『경호무술』, 『경호실무』 저술(개정7권, 1994년~2011년)
- 『경호직무능력표준』, 『경호자격규정집』(2004년~2005년)
- 「경호산업문제분석과 발전방안에 관한 연구」 외 다수의 논문
- 대통령표창(2002년), 국무총리표창(2007년)

[무술입문 및 경호무술 창시보급]

7세에 무예 입문. 태권도, 택견, 합기도, 쿵푸 등을 수련하고 경호무술을 창시하는 등 40여 년간 무공을 쌓았다. 1986년 708특공대(경호부대) 복무 중 86서울아시안게임과 88서울올림픽 경호작전임무를 계기로 경호무술을 연구하기 시작해, 1992년 정립한 경호무술을 국내 최초로 설립된 국제경호아카데미에서 경호원양성 교육과정으로 지도하기 시작하였다. 이후 대학(교) 경호무술학과 및 경호학과와 관련학과에 보급하였다. 1996년 국내최초로 인터넷 경호무술강좌를 시작으로 초·중·고등학생 및 일반인 대상으로 경호무술원을 개원하여 전국에 보급하고 있다. 또한 중국, 미국, 남미지역에 해외지부를 두고 세계화 중에 있으며, 국내외 주요 방송매체를 통해 크게 주목받고 있다.

경호무술 Since1992 警護武術
호위호신술법 1편

4

초 판 인 쇄| 2011년 7월 15일
초 판 발 행| 2011년 7월 15일

지 은 이| 장명진
펴 낸 이| 채종준
펴 낸 곳| 한국학술정보㈜
주   소| 경기도 파주시 교하읍 문발리 파주출판문화정보산업단지 513-5
전   화| 031) 908-3181(대표)
팩   스| 031) 908-3189
홈 페 이 지| http://ebook.kstudy.com
E - m a i l| 출판사업부 publish@kstudy.com
등   록| 제일산-115호(2000. 6. 19)

ISBN   978-89-268-2192-3 14690 (Paper Book)
        978-89-268-2193-0 18690 (e-Book)
        978-89-268-2184-8 14690 (Paper Book Set)
        978-89-268-2185-5 18690 (e-Book Set)